Helmut Krebs / Maximilian Tarrach
Liberalismus im Zeitalter der Globalisierung
Denkübungen zur Weitung des Horizonts

Helmut Krebs und Maximilian Tarrach

Liberalismus im Zeitalter der Globalisierung

Denkübungen zur Weitung des Horizonts

Inhaltsverzeichnis

EINLEITUNG

Wir legen eine Sammlung von Aufsätzen der Öffentlichkeit vor, die in einem lockeren Diskussionszusammenhang nach und nach entstanden. Sie bewegen sich um ein gemeinsames zentrales Thema, nämlich um die Frage, wie der Liberalismus heute in unserer Zeit der Globalisierung begriffen werden kann. Die Texte sind Zeugnisse einer Verständigung und eines Lernprozesses. Einige wurden aus unterschiedlichen Anlässen und für eine wechselnde Leserschaft geschrieben. Einige stilistische Unebenheiten blieben stehen und zeugen von unseren Lernfortschritten. Sie wurden von uns absichtlich nicht zu einem einheitlichen Essay verschmolzen, weil wir in der individuellen Differenz einen Wert des Liberalismus sehen. Der Leser wird womöglich nicht nur Unterschiede, sondern auch Widersprüche in unserer Argumentation entdecken. Um so besser! Widersprüche regen zum eigenen Denken an. Um Denkanstöße für eine Weitung des Horizonts soll es uns vor allem gehen. Diese seien ein Anfang auf dem Weg zu einem besseren Verständnis der Gegenwart.

In den vorderen Teilen des Buches unterziehen wir die philosophischen Sichtweisen des heutigen Liberalismus einer kritischen Überprüfung. Die hinteren Teile wenden sich eher praktischen Fragen zu. Die Unterentwicklung des größeren Teils der Menschheit ist das zentrale Problem. Die internationale Integration der hochentwickelten Länder wirft neue, bis dato noch ungelöste und theoretisch noch nicht ausgeleuchtete Fragen auf.

Für einen modernen Liberalismus

von Maximilian Tarrach

Wir Menschen verdanken den Ideen des Liberalismus unser Überleben. Die Marktwirtschaft, die Gewaltenteilung, der Rechtsstaat, das Menschenrecht und die Freiheit bilden das Fundament unserer Gesellschaft. Ohne die theoretische Durchdringung und Aufarbeitung dieser Institutionen wäre der unglaubliche Fortschritt der letzten 200 Jahre von der Agrargesellschaft zur modernen, industriellen, voll vernetzten, reichen Zivilisation niemals gelungen. Doch wir dürfen nicht bei einem starren Dogma des Liberalismus stehen bleiben. Der klassische Liberalismus und der Libertarismus sind blind geworden für die Veränderungen unserer Zeit. Sie erheben die Fahnen für eine Realität des 18. und 19. Jahrhunderts. Sie sind stecken geblieben im Kalten Krieg, im Antagonismus zwischen Freiheit und Knechtschaft. Als der Eiserne Vorhang fiel, waren ihre großen Denker bereits tot oder nicht mehr in der Lage, ihre Theorien anzupassen und neu zu formulieren. In den neuen Problemen unserer Zeit suchen sie vergeblich Sozialismus und Planwirtschaft, Totalitarismus und Staatsgewalt gegen Individuum und Freiheit auszuspielen. Doch die Ernte muss misslingen, da die Bedingungen nun andere sind. Ein neuer Liberalismus muss die Lebenswirklichkeit unserer Zeit anerkennen, an ihr ansetzen und von ihr aus neue Ideale formulieren.

Der neue Liberalismus muss sich als global verstehen. Er denkt und lebt im globalen Dorf der Erde. Er hat eine Ökumene zum Ziel und im Auge, welche die Verwirklichung der Freiheits- und Friedensideale für alle Menschen qua Menschsein vorsieht. Er denkt humanistisch, verengt sich damit nicht auf wirtschaftliche Prosperität. Kulturelle Vielfalt und Verschiedenheit der Lebensstile sind ihm ebenso wichtig, wie restlose Gleichstellung und Akzeptanz aller Menschen, sowohl rechtlich als auch gesellschaftlich. In der rechtlich-politischen Sphäre des Lebens grenzt er sich vom Irrationalismus ab, begreift sich daher als laizistisch. Der Versuch eines nur halbgaren Säkularismus muss als gescheitert angesehen werden. Die Zukunft gehört der Trennung zwischen Staat, Öffentlichkeit und Glauben. Alle Bekenntnisse sind und bleiben irrational und daher müssen sie in Bereichen, welche der rationalen Untersuchung zugänglich sind, weichen. Die Lehren der abrahamitischen Religionen gehören ins Hinterzimmer, in die private Stube und die Herzen der Einzelnen. Der neue Liberalismus verlangt ihnen gegenüber ständige Aufmerksamkeit und grundsätzlichen Argwohn. Dieser Argwohn speist sich aus der Maxime, dass diese niemals zur Richtschnur des politischen Handelns werden dürfen.

Der neue Liberalismus steht hinter der repräsentativen Demokratie. Pegida und Straßenmob sind nicht der umzusetzende Volkswille, sie sind zersetzende Kräfte fehlgeleiteter orientierungsloser Menschen. Die repräsentative Demokratie tut gut daran, nicht jedem schnellen Stimmungswechsel der Massen zu folgen, sich langfristig zu orientieren, das Vertrauen in Personen durch Vertrauen in Institutionen zu ersetzen. Die Straße dagegen denkt nicht, sie pöbelt, die Straße diskutiert nicht, sie brüllt nieder, die Straße wägt nicht verantwortungsvoll ab, sie erhängt ihre Gegner am selbst gebastelten Galgen.

Der neue Liberalismus hingegen ist nicht staatsfeindlich. Er begrüßt die Friedenswirkung des Rechts, der milden Politik, der Zivilgesellschaft. Er unterstützt die Initiativen zu internationalen Abkommen, ob Handel oder Frieden, ob Verteidigungsbündnis oder Staatengemeinschaft. Er begreift die Notwendigkeit von sozialem Zusammenhalt, von Sicherheit der Ordnung um jeden Preis. Daher steht er hinter einer aktiven Renten-, Energie- und Wirtschaftspolitik. Er will öffentliches Leben und öffentliche Güter. Er duldet und akzeptiert nicht nur den Aufbau eines umfassenden Gemeinwesens zum Nutzen aller, er fordert und fördert ihn eindringlich. Menschen sind auf ihre Gemeinschaft angewiesen, der Zusammenhalt gehört in die Politik, steht ihr nicht entgegen. Der Tribalismus der Kleingruppe muss nicht aus der Großgesellschaft verbannt werden, er bildet ihre unsichtbare Klammer. Das unveräußerliche international gedachte Menschenrecht ist Zeugnis dieser Tatsache.

Der neue Liberalismus steht den Konflikten und Kriegen dieser Welt nicht gleichgültig oder gar höhnisch gegenüber. Als Teil der Ökumene geht Untergang eines Teiles jeden anderen Teil der Ordnung an, besteht untrennbare Interdependenz. Hilfe und Aufbau an der Zivilisation anderer ist Hilfe an uns selbst. Nationalismus und Abschottung müssen überwunden, Fremdenfeindlichkeit als schlechte Ausrede für das eigene Versagen und die eigenen Abstiegsängste entlarvt werden.

Der neue Liberalismus steht hinter dem Westen. Er hat in ihm seinen Ursprung und findet seine Ideale in ihm am meisten verwirklicht. Die Vereinigten Staaten von Amerika sind kein Reich des Bösen, sind keine neue Supermacht der Unterdrückung. Sie sind der einzige Grund für eine Nichtinvasion freiheitsfeindlicher Schergen in Europa und immer noch das Land der Freiheit.

Den Terror begreift der neue Liberalismus als ernstliche aber bekämpfbare Bedrohung der Ordnung. Der neue Liberalismus steht mit ihm im Krieg, befindet sich daher aktuell im Notstand. Stärkere Überwachung und polizeiliches Handeln sind daher nicht illiberal, sondern einzig richtige Antworten auf die menschenverachtenden Ideologien des Terrorismus.

Der neue Liberalismus trennt sich von dem blinden Vertrauen in die besseren Ideen der Aufklärung. Er weiß, dass eine freiheitliche Ordnung bewusst erschaffen, erhalten und befördert werden muss. Freiheit erkämpft sich nicht von selbst, große Teile der dritten Welt werden nicht von allein zum besseren Glauben finden. Wenn das weltweite Abschlachten ein Ende haben soll, brauchen wir eine aktive Befriedungspolitik. Der Isolationismus früherer Zeiten ist mit einem global gedachten Liberalismus daher unvereinbar. Darüber hinaus muss die heutige westliche Welt nicht erst untergehen, bevor liberale Reformen ergriffen werden können: Wir leben bereits im Liberalismus. Was der neue Liberalismus will, ist schrittweise auf diesem Pfad weiterzugehen.

Frau Merkel ist aus seiner Sicht keine Volksverräterin und Deutschland kein Unrechtsstaat, Inklusion von Minderheiten kein Feind der offenen Gesellschaft, Steuern sind kein Raub, Flüchtlinge keine Invasoren oder Parasiten, Recht und Gesetz kein Widerspruch zur Freiheit.

Der neue Liberalismus durchdringt vielmehr alles und jeden. Er ist Gesellschaftstheorie, politische Lehre, Zukunftsvision und humanistisches Ideal in einem. Er braucht weder ein Parteibuch, noch eine Schule, weder doktrinäre Anhänger, noch populistische Meinungsmache. Alles, was er benötigt, sind der intellektuellen Redlichkeit verpflichtete Denker, welche sich an seinem Aufbau beteiligen möchten. Er hat einen klaren Kern und eine klare Botschaft: Die Selbstzwecklichkeit des Menschen und zwar aller Menschen.

Der Liberalismus war ursprünglich eine revolutionäre, zukunftsgewandte Philosophie. Die frühliberalen Rationalisten (Hobbes, Grotius u.a.) sprengten die geistige Welt des Mittelalters, die klassischen Liberalen (Hume, Smith, Kant u.a.) sodann die des Merkantilisimus und Absolutismus. Doch befindet er sich seit dem 19. Jahrhundert in einer Defensivposition. Sein Kampf gegen den Sozialismus und die Gegenaufklärung, der großen zerstörerischen Kraft, fokusierte den Blick zurück auf den klassischen Liberalismus, der dogmatisiert und radikalisiert wurde. Im Sozialismus wurde eine Renaissance des Staatsabsolutismus erkannt, im Sozialreformismus eine Renaissance des spätabsolutistischen Wohlfahrtsstaates, die es abzuwehren galt. Doch sind die gesellschaftlichen Veränderungen des letzten Halbjahrhunderts mit den Theorien des 19. Jahrhunderts nicht adäquat zu beschreiben. Der sogenannte Dritte Weg, auf dem sich unsere heutige Gesellschaft befindet, wenn es denn einer ist, führt nicht in eine planwirtschaftliche Diktatur. Es ist an der Zeit, den Horizont zu weiten und eine breitere Perspektive zu gewinnen.

Der Liberalismus heute im weiteren historischen Kontext

von Helmut Krebs

Enger und weiter Begriffsumfang des Liberalismus

Die westlichen Länder sind liberale Demokratien. Wir leben in liberalen Verhältnissen. Um das Wesen unserer westlichen Welt zu verstehen, ist es zweckmäßig, die Gegenwart in einen Bezug zur Abfolge der historischen Fortschritte der Moderne zu stellen. Seit dem Niedergang des sozialistischen Imperiums und der Reform des maoistischen Systems hat sich weltweit der liberale Wesenskern der westlichen Länder als historische Haupttendenz durchgesetzt. Das kommunistische Dogma der Gleichheit aller Lebensverhältnisse wich der Einsicht, dass ohne Privateigentum und ohne Streben nach Glück und Wohlstand Nationen nicht prosperieren können. Wir wollen die heutigen Gegenkräfte nicht unterschätzen, insbesondere nicht die Islamofaschisten und die Despotien aller Art. Russland bietet ein anschauliches Beispiel für die weiterhin bestehende Möglichkeit, dass auf eine Liberalisierung autoritärer, exkludierender Gesellschaften eine Gegenreaktion erfolgen kann, die zur Restauration der Oligarchie oder gar zu einem Staatsabsolutismus führen kann. Doch die globalen Kräfteverhältnisse sind eindeutig: Der Westen ist der Leitstern der meisten Menschen weltweit, insbesondere für die unterentwickelten Länder und für die oppositionellen Gruppen in den Diktaturen der islamischen Welt. Die Migrationswellen nach Norden zeigen dies.

Aus der heutigen Gesellschaft in den westlichen Ländern lässt sich ein liberaler Wesenskern herausschälen. Nennen wir ihn *Liberalismus im weiteren Sinn*. Vorläufig verstehen wir darunter eine *parlamentarische Demokratie mit umfassenden Menschen- und Bürgerrechten plus eine Marktwirtschaft, die durch egalitäre Umverteilungen und Regeln sowie einige staatsdirigistische Elemente durchsetzt ist*. Der Begriff des *Liberalismus im engeren Sinn* fällt zusammen mit dem *klassischen Liberalismus*. Viele Spielarten der diversen liberalen und oder libertären Lager lassen sich aus der Inkongruenz dieser beiden Begriffe ableiten. Wenn ich im Folgenden von „Liberalismus" spreche, meine ich den weiten Begriff, bzw. die geschichtliche Realität, die durch ihn geprägt ist.

Vergleich des heutigen Liberalismus mit der Zeit davor

Die Merkmale der vormodernen, mittelalterlichen Verhältnisse waren folgende:
- Agrargesellschaft mit schwachem Handel und unterentwickelter Infrastruktur
- Kleinstädte mit Regionalmärkten
- Dezentralisierung der Gewalt im Landadel
- große Zahl von Kleinstaaten (in Europa etwa 5000)
- schwache Zentralgewalt der Könige und des Kaisers

10

- ständige Fehden und Kriege der Fürsten und Barone
- Ideologische Hegemonie der Kirche
- Rivalität der katholischen Kirche mit den weltlichen Herrschern
- Leibeigenschaft und Feudalwesen
- starre Klassengesellschaft mit einer strengen hierarchischer Ordnung
- geringe Lebenserwartung, niedrige Bevölkerungszahlen Armut, hohe Kinderzahl, unhygienische Verhältnisse, hohe Gewaltrate (nach Pinker[1] etwa 50 bis bis 100 pro 100.000 p.a.)

Am Ende einer Entwicklung, die vor fünfhundert Jahren anhob, änderten sich alle diese Variablen. Wir leben heute in Verhältnissen die sich durch folgende Merkmale auszeichnen:

- hoher Grad an Mechanisierung und Automatisierung der Produktion
- hohe Mobilität von Waren, Kapital, Menschen und Ideen
- globale Arbeitsteilung und starker Welthandel
- Hebung des Lebensstandards für alle Menschen auf ein Niveau, das über dem der mittelalterlichen Oberschicht liegt
- Dienstleistungsgesellschaft mit hochentwickelter materieller und kultureller Infrastruktur
- Gewaltenteilung und demokratische Kontrolle der Gewalten
- Zentralisierung der Gewalt in einem staatlichen Monopol
- Befriedigung der Gesellschaft nach innen und außen (Gewaltrate 1 bis 10 pro 100.000 p.a.)
- Menschenrechte für alle und geistige Freiheit, religiöse Toleranz, Humanisierung aller Bereiche
- Durchlässigkeit und Inklusion aller Gesellschaftsgruppen, Tendenz zur Mittelstandsgesellschaft
- hohe Lebenserwartung, hohe Bevölkerungszahlen, niedrige Kinderzahl, hochentwickelte Hygiene und medizinische Vorsorge, Umwelt- und Tierschutz

Dies ist es, was wir unter den Vorzügen der westlichen Lebensweise verstehen. Die Ideen, die diese Verhältnisse begründen, nennen wir Liberalismus.

---

1   Vgl. Steven Pinker: *Gewalt. Eine neue Geschichte der Menschheit*, Frankfurt am Main, 2011.

Die Genetik des Fortschritts

Kapitalbildung: Der große Wohlstand unserer Zeit erwächst aus dem, was wir Kapitalismus nennen können. Das Wort wird häufig pejorativ verwendet. Doch drückt es ein Prinzip aus, das für alle Gesellschaften und alle Wirtschaftssystem gültig ist. Kapital sind Produktionsfaktoren, die die Arbeit ergiebiger machen. Es sind die sachlichen *Kapitalgüter* (Rohstoffe und Maschinen) und das liquide Betriebskapital, die in Marktwirtschaften beide privatwirtschaftlich und frei sind. Der zweite Faktor ist die *Arbeit*. Zu ihm gehört eine gut ausgebildete Facharbeiterschaft, was eine hoch entwickelte Kultur von öffentlichen Gütern und Solidargemeinschaften voraussetzt (Bildung, Datenbestände, Forschung, Recht, Polizei und Militär, Versorgung und Entsorgung mit Wasser und Strom, Notfall- und Katastrophenhilfe, Verkehrssysteme und Datennetze sowie Sozialversicherungen usw.). Eine reiche Wirtschaft muss ständig weitere Rohstoffe erschließen, die Produktion mechanisieren und automatisieren, die Fachkenntnisse der Produzenten ausbilden, Wissen erweitern und – dies ist Voraussetzung all dieser Bedingungen – ständig neues Kapital einschießen. Dies kann nur aus den eingesparten Werten entstammen, die erzeugt wurden. Ein Teil des Gesamtprodukts darf nicht konsumiert werden, sondern muss in Geldform zurückgelegt werden, um es als Kredit investiv einsetzen zu können. Gesellschaften mit hohen Sparquoten sind progressiv, mit niedrigen stagnativ. Außerdem kann es zum Kapitalverzehr kommen. Dann haben wir rückläufige Entwicklungen. Eine Wirtschaftsordnung, die die Quote der Kapitalgüter pro Kopf der Bevölkerung ständig vermehrt, kapitalisiert sich. Wir nennen sie daher Kapitalismus.

Arbeitsteilung: Neben der Kapitalbildung ist die sich ausbreitende Arbeitsteilung in Verbindung mit Spezialisierung eine zweite Quelle des Wohlstands. Durch Arbeitsteilung mit anschließendem Austausch der Produkte können sich die Produzenten spezialisieren. Sie produzieren das, was sie am kostengünstigsten und besten können. Dieses einfache Prinzip vermehrt das Gesamtprodukt. Arbeitsteilung und Handel breiten sich in der Tiefe der Produktion aus (in den Produktionslinien) oder expansiv (in der Fläche). Immer mehr Gebiete verbinden sich zu einem zusammenhängenden Wirtschaftsraum. Bei jeder Ausweitung sind Produktivitätszuwächse zu gewinnen.

Der wirtschaftliche Wohlstand ist das Fundament des zivilisatorischen Fortschritts. Kapitalismus braucht zuversichtliche Unternehmer, die Kapital riskieren. Zuversicht setzt den Schutz vor Gewalt durch andere Menschen und vor staatlicher Willkür voraus. Die gesellschaftliche Ordnung ist die Voraussetzung für die Wirtschaftsordnung und umgekehrt. Gesellschaft und Wirtschaft entwickeln sich in wechselseitiger Bedingtheit. Wie sich diese wohlhabende, friedliche und humane Ordnung aus einem Chaos an Gewalt und Kurzlebigkeit herausbilden konnte, ist die Geschichte der Entwicklungsphasen, die im Folgenden skizziert werden sollen. Marktwirtschaften setzen durchsetzbare Rechtsordnungen voraus. Dazu sind staatliche Gewaltmonopole sowie eine Kultur der Vertragstreue notwendig.

Abriss der Entwicklungsphasen

Am Beispiel Englands (bzw. Großbritanniens) soll ein Schema dargestellt werden, das zeitversetzt in allen westlichen Ländern mehr oder weniger in ähnlicher Weise ablief. Das Schema folgt einer inneren, strukturellen Logik. Es ist nicht zufällig in dieser Reihenfolge entstanden. Ausgangspunkt war die oben beschriebene mittelalterliche Feudalgesellschaft.

1. Schritt: Durchsetzung des Zentralstaates

Die Rosenkriege in England (1455 bis 1485) war der Kampf zweier Adelsgeschlechter (Lancaster und York) um die Königskrone. Sie endeten mit der Vernichtung fast aller Hochadligen der beiden Geschlechter und sehr vieler ihrer Vasallen. Am Ende konnte sich eine Nebenlinie der Lancaster an die Spitze des geschwächten Königreiches setzen: Heinrich VII. Tudor. Er bestieg 1509 den Thron.

Die Tudors begründeten eine Dynastie, die mit dem Tod von Elisabeth I., der Enkelin Heinrichs des VII. und Tochter Heinrichs VIII. endete. Sie wurde von ihren Nachfolgern fortgesetzt. Die frühmodernen Monarchen formten aus dem feudalen, darniederliegenden, mittelalterlichen Land einen modernen Nationalstaat. Die mit ihnen konkurrierenden Hochadligen und die Kirchenfürsten wurden in ein Parlament integriert (das auf uraltem Recht seit der Magna Charta fußte) und blieben damit einerseits Teil des Herrschaftsmechanismus, andererseits standen sie unter der obersten Führung des Königs und waren letztlich subordiniert. Die katholische Kirche wurde entmachtet und die Klöster enteignet. Mit Hilfe der anglikanischen Staatskirche wurde eine flächendeckende Verwaltung aufgebaut und die Landadligen neutralisiert. Stehendes Parlament, stehende Verwaltung und stehendes Heer sind die ersten institutionellen Errungenschaften des Zentralstaates. Sein Wesen ist die Durchsetzung des Gewaltmonopols unter dem obersten Willen des Souveräns. Um das stehende Herr zu einem Machtfaktor zu machen, das in die hintersten Gebiete des Reiches wirken kann, mussten Chausseen angelegt und die Flüsse schiffbar gemacht werden. Die außenpolitische Macht stützte sich im Fall Englands auf die Flotte und den Ausbau der Häfen. Nach der Entdeckung Amerikas beuten spanische Eroberer die Bodenschätze der Neuen Welt mittels Sklaverei aus. Sklavenhandel, die Einfuhr von Gold nach Europa und Piraterie stehen am Anfang der Kapitalbildung. Die Infrastrukturmaßnahmen begünstigten die spätere Industrialisierung und den Handel. In vielen frühen absolutistischen Staaten Europas wurde ein obligatorisches Schulwesen landesweit schon im Zeitalter des Absolutismus eingesetzt, so etwa in Preußen. Der Landesfürst entscheidet über die Religion seiner Untertanen. Abweichende Glaubensgemeinschaften werden unterdrückt und zur Emigration gezwungen.

In systemischer Sicht wurden viele Kleinhierarchien in eine Zentralhierarchie gezwungen. Die Gewalt durfte nur noch von der Zentralmacht ausgeübt werden. Dies führte zu einem Absenken der Mortalität. Durch die Zentralisierung der Macht und Verwaltung waren die Voraussetzungen dafür geschaffen, die Gestaltung der Machtausübung an einer zentralen Stelle zu beeinflussen.

Die Konfliktlinien verlagerten sich aus dem Innern nach außen. Statt Dauerfehden wurden Kriege der Nationen geführt.

Die wichtigsten Denker des frühen Staatsabsolutismus waren die Kirchenreformatoren, die Humanisten, sowie Jean Bodin, Hobbes und Grotius. Leitideen: *Souveränität* (gleichbedeutend mit Obrigkeit und identisch mit Nation, l'état c'est moi!), *Völkerrecht*.

In Frankreich kommt Henry IV. eine ähnliche Bedeutung zu wie in England Heinrich VIII. In Deutschland sind es die protestantischen Landesfürsten, etwa Friedrich der Weise von Brandenburg.

2. Schritt: Durchsetzung des Rechtsstaates

Die Idee eines Rechtsstaates bildete sich im Zeitalter des Absolutismus (1600 bis 1750) heraus. Er führte am Ende zum Leitbild des aufgeklärten Absolutismus, für das in Deutschland Friedrich II. von Preußen und Kaiser Josef II., in Russland Katharina die Große stehen. Die Willkürherrschaft eines einzigen Menschen musste an Prinzipien einer klugen Staatsführung gebunden werden, die die Launenhaftigkeit, die individuellen Schwächen und Ungerechtigkeiten des Despoten kanalisieren. Schon Ludwig XIV. war für rationale Prinzipien zugänglich. Die Frühaufklärer und Frühliberalen wirkten neben den Jesuiten lange als Fürstenberater und -erzieher, bis schließlich die Idee einer Verfassung entstand, auf die der Monarch schwören sollte. Die Konstitutionelle Monarchie steht am Ende der Herausbildung des staatlichen Gewaltmonopols als Höhepunkt eines Prozesses der ersten Zivilisierung roher Gewalt. Der Übergang war in der Regel revolutionär. In England setzte ihn die Glorious Revolution (1689) durch, in Frankreich die Revolution von 1789 bis 1803.

Eine konstitutionelle Monarchie stellt das staatliche Gewaltmonopol auf die Grundlage verbindlicher Regeln, die am Gemeinwohl orientiert sind. Der *Rechtsstaat* entsteht. Diesem muss sich der Monarch beugen. Sie werden damit von persönlicher Willkür befreit und über die Wechselfälle der Regierungen auf Dauer gestellt. Die *Gewalt wird geteilt* und letztlich vom Parlament kontrolliert (*Primat der ersten Gewalt*). Die Justiz ist anfangs noch der Exekutive unterstellt. An die Stelle der obrigkeitlichen Souveränität tritt die Idee der *Volkssouveränität*. Die politischen Parteien üben die Macht abwechselnd aus, ohne sie zur Vernichtung ihrer Gegner zu missbrauchen. Diese Idee des *Pluralismus* ist die Voraussetzung der *Demokratie*. Diese drückt sich in Wahlen aus. Bürgerrechte sind aber nur einer besitzenden Elite vorbehalten. Es handelt sich folglich um eine aristokratische Demokratie oder eine demokratische Oligarchie. Die Glaubensbekenntnisse werden nebeneinander bestehend *toleriert*. Staat und Kirche sind mehr oder weniger voneinander getrennt (*Laizismus*). Die Religion des Herrschers kann von der der Oberschicht und des Volkes abweichen. Die Rechtsidee wird *naturrechtlich* begründet. Doch bleibt sie an den Willen des Herrschers gebunden.

Kapitalistisches Unternehmertum und Märkte entwickelten sich stetig aber langsam. Die vorherrschende Doktrin ist der *Merkantilismus* und der *Wohlfahrtsstaat*. Der Merkantilismus orientiert sich an einem möglichst hohen Staatseinkommen, das Grundlage für den Prunk der Herrscher und deren Kriege ist. Die Gewinne der Bürger werden weitgehend abgeschöpft, was die Kapitalbildung verzögert. Die Wohlfahrtsstaatsdoktrin verpflichtet den Herrscher dazu, für das Wohl seiner Untertanen zu sorgen. Untertanentreue und herrschaftliche Fürsorge bedingen einander. Ein ausuferndes Ämterwesen vermittelten Einkommensquellen für das reiche Bürgertum durch Herrschergunst auf Kosten der Bauern. Die Bekämpfung der Raubritter und Räuber, die am Handel schmarotzen, die Abschaffung der kleinstaatlichen Zölle und die Durchsetzung landesweiter Standards senken die Transaktionskosten. Die Eintreibung der Steuern durch Kommisäre lastet vor allem auf der Masse der Bauern. Die Landbevölkerung verarmt. Die Anlage von befestigten Straßen und schiffbaren Wasserwegen ermöglichen ein florierendes Post- und Transportwesen. Die Mordrate sinkt in England von 50 im Jahr 1300 auf unter 10 pro 100.000 p.a. bis zum Jahr 1600.

Die wichtigsten Denker dieser modernen Staatstheorie und des aufgeklärten Absolutismus sind Locke, Pufendorf, Voltaire und Montesquieu. Sie sind dem Rationalismus zuzurechnen. Man könnte sie als Frühliberale bezeichnen.

3. Schritt: *Aufklärung und Marktwirtschaft – Laissez-faire!*

Die Rechtssicherheit führt zu einem Aufschwung des Unternehmertums. Es entsteht innerhalb des städtischen Patriziats und des Landadels, die durch eine liberale Partei vertreten werden, denen die Kirche und die hohe Beamtenschaft entgegensteht (Whigs contra Tories). Die pluralistischen gewaltmindernden verfassungsmäßigen Einrichtungen begünstigen Investition, Handel und Produktion. Die neue Klasse der Unternehmer wird reicher und setzt schließlich durch, dass der Staat sich mit der Abschöpfung der Gewinne zurückhält.

Die leitenden Ideen, die sich nun Geltung verschaffen, sind die *Rechtmäßigkeit des Privateigentums*, die *Rechtfertigung von Ungleichheit* auf der Grundlage von unternehmerischem Erfolg, *Freihandel, Presse- und Meinungsfreiheit*. Die Idee eines über den Gesetzen stehenden Naturrechts setzt sich durch, in der die Gleichheit aller Menschen vor dem Gesetz begründet wird. Das Recht wird als über dem Herrscher stehend aufgefasst. Es leitet ihre Gültigkeit aus ihrem unparteiischem Wesen ab. Ihr Prinzip ist die Gleichheit aller *vor dem Gesetz. Rechtsinhalte sind universell gültig*, weil sie von allen Zustimmung erfahren müssen, die ihre eigenen langfristigen Interessen einsehen. Recht ist unabhängig vom Herrscherwillen gültig und dient als Maßstab für die Rechtlichkeit von Gesetzen (altes Recht vs. positives Recht). Die Interessen aller werden als grundsätzlich harmonisch verstanden (*Interessensharmonie*). Doch noch immer ist das Wahlrecht auf die männlichen Angehörigen der besitzenden Klasse beschränkt. Ein durch die Dominanz des Parlaments in Schach gehaltener Zentralstaat toleriert die unternehmerische Freiheit: Laissez-faire, laissez-passez! Außenzölle und Innenzölle sowie Steuern werden gesenkt oder abgeschafft, die Zugangsbeschränkungen zu Produktion und Markt durch Zünfte und Gilden werden beseitigt. Gleichzeitig entsteht eine bürgerliche Literatur, die die Themen der Mittelschicht aufwirft, Ideale und Konzepte diskutiert und vorstellt. Der Einfluss der Kirche schwindet. Neben der Theologie steigt die Philosophie als Instanz der Aufklärung des Volkes zur Blüte auf. Akademien und Hochschulen werden gegründet, Clubs und Freimaurer-Logen verbreiten sich. Zu den Leistungen der Aufklärung gehört die Bekämpfung der Sklaverei, der öffentlichen Hinrichtungen und der Folter, der Hexen- und Judenverfolgung, deren Früchte nach und nach reifen. Die Gewalt innerhalb der Gesellschaft nimmt um eine weitere Größenordnung ab. Die Mordrate sinkt in England bis zum Jahr 1800 auf 1 pro 100.000 p.a. Das ist noch heute ein guter Wert.

In der zweiten Hälfte des 18. Jahrhunderts sind die einflussreichsten Philosophen die klassisch liberalen Aufklärer: Hume, Smith, Kant, sowie die Enzyklopädisten in Frankreich, namentlich Diderot und Rousseau.

4. Schritt: Massendemokratie und Solidarsysteme

Im 19. Jahrhundert zieht die breite Industrialisierung Konsequenzen nach sich. Auf dem Land verhungerten die Menschen. Die Städte, in denen sich die Industrialisierung vollzieht, bieten Zukunftschancen, die die Landproletarier ihrem Elend vorziehen. Es kommt es zu einer massenhaften Abwanderung der Landproletarier in die Städte. Die Lage der Arbeiterklasse während der Industrialisierung (etwa 1800 bis 1900 in England) erscheinen aus heutiger Sicht erbärmlich. Doch eine Massenabwanderung vom Land zur Stadt ist nicht anders zu erklären, als dadurch, dass es auf dem Land noch erbärmlicher war. Die Industrie bot in wachsendem Maße Millionen von Menschen eine Lebensgrundlage. Durch die Kapitalisierung und die Massenproduktion wuchs der Lebensstandard langsam. Die Zukunft lag hier, nicht im niedergehenden Agrarsektor. Marx beschreibt im Kommunistischen Manifest ganz zutreffend, dass mit der wirtschaftlichen Umwälzung auch eine kulturelle verbunden war. Die feudalen und familiären Sozialsysteme werden außer Kraft gesetzt. Die Zusammenballung in den Städten erzeugt Slums, Unhygiene, Kleinkriminalität, psychische Entwurzelung und soziale Unsicherheit. Doch in dem Maße, wie – in Jahrzehnten – das Nationaleinkommen steigt, werden auch Mittel für die Behebung dieser Missstände frei: Es entwickelt sich ein Wohnungsbau für Mieter, die medizinische Versorgung verbessert sich, die Stadthygiene durch Pflasterung, Beleuchtung, Abwasserkanäle und Trinkwasserleitungen ebenso. Es entstehen schließlich Gewerkschaften, die Lohntarife und Arbeitsbedingungen aushandeln. Am Ende dieses Zivilisierungsprozesses werden die Einrichtungen der kollektiven Daseinsvorsorge auf gesetzlicher Grundlage geschaffen. Nur der Kapitalismus konnte einen Aufschwung des Lebensstandards für die breiten Massen wirtschaftlich untermauern, und nur eine auf den Prinzipien der Marktwirtschaft basierende Gesellschaftsordnung konnte die Inklusion der Arbeiter in den allgemeinen Wohlstand begründen und zulassen. Gerade der von Marx so stark kritisierte Status des freien Arbeiters, des Lohnempfängers – ein freier Unternehmer in eigener Sache – war Voraussetzung dafür, dass die Arbeiter ihre eigene Sache in die Hand nahmen und die Gesellschaft auf soziale Weise umgestalteten.

Die Folgen für die politischen Verhältnisse sind zwiespältig. Positiv ist eine Ausweitung der Bürgerrechte auf alle Menschen. Die Idee der allgemeinen Menschenrechte wird weiter entfaltet. Zu *allen Menschen* gehören auch Arbeiter und Frauen. Als Teil der Arbeiterschaft waren Frauen ohnehin zunehmend berufstätig. Das Wahlrecht wurde auf alle Bürger ausgedehnt, die Arbeiterschaft zu einem politischen Faktor. Negativ sind die Folgen für die bürgerlichen Freiheiten. Die politische Hegemonie der Liberalen geht an die Sozialisten und die staatsnahen Nationalisten und Konservativen über. Die neuen Bürger, die Arbeitermassen werden mit scharfer antikapitalistischer und antiliberaler Polemik von demagogischen Parteien umworben, aus denen sich im 20. Jahrhundert die extremen Flügel der Kommunisten und Nationalsozialisten abspalteten. Die Liberalen werden als Partei marginalisiert und gehen in konservativen Strömungen unter. Der Nationalismus wird zu einer Ideologie, die imperialistische Bestrebungen befördert. Im Ersten Weltkrieg entladen sich die Spannungen. Dieser wiederum führt zur Radikalisierung der sozialistischen Bewegung. Lenin und Hitler bzw. Mussolini und ihre Gleichgesinnten in allen westlichen Ländern gelingt ein Frontalangriff auf den Liberalismus. Die Massendemokratien in Europa wandeln sich zu Massendiktaturen. Die Zivilisation geht unter in einem Blutbad von historischem Ausmaß.

Die zweite Hälfte des 19. Jahrhundert steht unter den Leitideen des Sozialismus einerseits und des Konservatismus andererseits in Konkurrenz zum Liberalismus. *Sozialismus* und *Nationalismus* sind die vorherrschenden Ideologien. Sie setzen sich in der ersten Hälfte des 20. Jahrhunderts weltweit durch. Die sozialistische Bewegung spaltet sich in einen reformistischen Flügel, der egalistische Konzepte verfolgt, und einen revolutionären Flügel, der autoritäre Konzepte verfolgt.

Die einflussreichsten Philosophen sind Marx und Nietzsche. Unter den liberalen Denkern versucht John Stuart Mill auf die Herausforderungen der Massendemokratie zu antworten. Im 20. Jahrhundert formulieren unter anderen Ludwig von Mises, Friedrich A. von Hayek und Karl Popper die philosophischen Grundlagen der Freiheit und die Notwendigkeit der Unfreiheit des Sozialismus. Sie profilieren den Liberalismus in Rückgriff auf die klassischen Denker als Freiheitsphilosophie im Gegensatz zum Kollektivismus.

5. Schritt: Langer Frieden, Humanisierung und Globalisierung

Die Ära der Massendemokratie mündete in eine der Massendiktatur. Sie endet mit dem Zusammenbruch des deutschen und italienischen Totalitarismus um 1945 und 1989 mit dem Zusammenbruch des Sozialismus des Sowjetimperiums. Der marxistische Sozialismus überschreitet am Ende des Zweiten Weltkrieg seinen historischen Höhepunkt. Der deutsche rechte Elitarismus des Herrenmenschenwahns wurde gebrochen.

An die Stelle des Nationalismus tritt die Bereitschaft zur internationalen Organisation. Die UNO wird gegründet, die Nato, die Vorläufer der EU.

Nach der Restauration der Kriegsschäden nimmt der Welthandel einen beträchtlichen Aufschwung. Statt eines heißen Krieges sichert der Kalte Krieg mittels atomarer Abschreckung einen zuerst labilen, später einen stabileren Frieden und mündet in Abrüstungsmaßnahmen und die völkerrechtliche Anerkennung des Status Quo im Protoll der KSZE.

Gleichzeitig beginnt der Prozess der Entkolonialisierung, der mit einem Aufschwung von marxistischen und maoistischen Guerillabewegungen verbunden ist. Das sozialistische Lager konnte als Siegermacht und durch den Sieg der KPCH weltweit expandieren. Als militärische Hauptmacht schuf die USA ein System von Verteidigungsbündnissen auf allen Kontinenten und führte Eindämmungskriege gegen den expansiven Nationalkommunismus in Südostasien oder verdeckte Kriege in Lateinamerika und Afrika. Die Gesellschaftsfrage globalisiert sich. Schließlich kommt es zu einem neuen Status Quo, zu einer Liberalisierung des Maoismus und zum Zusammenbruch bzw. zur Stagnation vieler sozialistisch inspirierter Länder. An die Stelle einer Wirtschaftsautarkie setzt sich der Welthandel durch, verbunden mit einer besseren Durchlässigkeit der Grenzen.

In den hochentwickelten Ländern wird eine soziale Marktwirtschaft eingerichtet, die die Institutionen, die im 19. Jahrhundert zur Lösung der sozialen Frage geschaffen wurde, mit einer liberalen Marktgesellschaft verbindet. Der reformistische Sozialismus besteht weiter, verpflichtet sich aber auf die Demokratie und die allgemeinen Menschenrechte. Es entsteht ein breiter gesellschaftlicher Konsens für eine pluralistische, inklusive Gesellschaft.

Die Anerkennung der Allgemeinen Menschenrechte trägt zur Überwindung von gruppenbezogenen Diskriminierungen bei: Die Gleichberechtigung der Frau setzt sich vollends durch, die Rassendiskriminierung und Apartheit wird überwunden, die Homosexualität entkriminalisiert. In vielen Ländern wird die Todesstrafe abgeschafft, die Folter bei Verhören verboten. Gewaltausübung gegenüber Frauen und Kindern wird geächtet. Schließlich wird diese Humanisierungstendenz auch auf Tiere ausgeweitet. Die Sexualität außerhalb der Ehe wird zur Selbstverständlichkeit. Schutz der Umwelt vor Schmutz und Giften ergänzt das allseitige Programm der Zivilisierung und Humanisierung.

Die Weltbevölkerung nimmt rasch zu. Durch die Agrarrevolution wird erstmals eine ausreichende Ernährungsgrundlage für alle Menschen erreicht. Hunger ist nunmehr nur noch die Folge politischer Fehlentwicklungen. Viele epidemische Krankheiten werden besiegt, die Kindersterblichkeit sinkt und die Lebenserwartung steigt. Die Alphabetisierung kommt global voran. Nach der Entkolonialisierung und den sich daran anschließenden Unruhen stabilisieren sich viele unterentwickelte Länder. Es entstehen Schwellenländer, die sich industrialisieren und zu den entwickelten aufzuschließen. Die Kriege gehen in aller Welt zurück und enden schließlich bis auf wenige Ausnahmen. Auch die Bürgerkriege nehmen ab, die innere Gewalt in der Gesellschaft geht in vielen Ländern zurück. Wir sind in der Gegenwart angekommen.

Es ist verfrüht, die einflussreichsten Denker der Gegenwart zu benennen. Der Liberalismus nimmt die soziale Frage ernst und findet im Konzept der Sozialen Marktwirtschaft einen neuen Ausdruck. Die Humanisierung der Lebenswirklichkeit, das Verbot der Diskriminierung von Minderheiten, die Abschaffung der Todesstrafe, die Humanisierung des Strafvollzugs werden zu eigenen Programmpunkten.

Die Leitideen der Gegenwart sind die *Allgemeinheit der Menschenrechte*, das *Friedensgebot*, das Recht auf *Teilhabe aller* am Wohlstand der Menschheit, die *Humanisierung* des Lebens, insbesondere die Ächtung der Gewalt. Die soziale Frage stellt sich als Folge der Globalisierung des Handels erneut unter Einbeziehung der unterentwickelten Länder.

Die historischen Phasen als Schichten der Gegenwart

Der Abriss sollte zeigen, dass die Phasen sich logisch auseinander entwickelten. Es soll nun hervorgehoben werden, dass ihre Leitideen nicht einfach durch die jeweils neuen veralten, sondern aufgehoben wurden und im Kern weiterleben. Es ist die Entwicklung einer immer komplexeren Kultur von miteinander verbundenen und wechselseitig voneinander abhängigen Ideen, die den Liberalismus prägen.

Die *Zentralisierung* der Gesellschaft wird von Steven Pinker immer wieder zurecht als die wichtigste Voraussetzung für die Zurückdrängung der Gewalt angesehen. Als Gewaltmonopol des Staates geht sie über zu einer Herrschaft des Rechts, welche die Herrschaft der Menschen über Menschen ablöst. Kapitalneubildung und Arbeitsteilung setzen logischerweise die Eindämmung von Gewalt voraus. Die Sicherheit der Gesellschaft ist eine Voraussetzung für unternehmerisches Handeln, das notwendig von positiven Zukunftserwartungen ausgeht. Wer Schlimmes befürchtet, zieht sich aus Investitionen zurück. Daher nimmt das unternehmerische Streben zu, je weiter die Bannung der Gewalt aus der Gesellschaft voranschreitet. Die Bindung der Obrigkeit an Rationalität und schließlich an eine Verfassung mildern Staatswillkür und öffnen dem Unternehmertum neue Handlungsspielräume. Privilegien werden geschleift, Barrieren entfernt. Der Schutz des Eigentums, die Anerkennung von faktischer Ungleichheit, das Prinzip der Leistungsgerechtigkeit sowie die Abschaffung von Zugangshindernissen, die Senkung von Steuern und Zöllen begünstigen die Kapitalneubildung, die schließlich zur Industrialisierung führt. Die Industrialisierung löst die feudalen und traditionellen Bande, befreit die Arbeiter und verwandelt sie schließlich in Bürger. Dies mündet in die sozialen Institutionen, die das Leben als freie Arbeiter in den Städten humanisiert. Schließlich wird der antilliberale Nationalismus und Sozialismus überwunden, und eine Friedensordnung geschaffen, die den Welthandel aufblühen lässt. Die Ausweitung der sozialen Frage auf die ganze Erde ist Bestandteil der allgemeinen Globalisierung.

Die Struktur des Liberalismus kann in einem Schaubild schematisch zusammengefasst werden. Die Jahreszahlen sind grob gewählt.

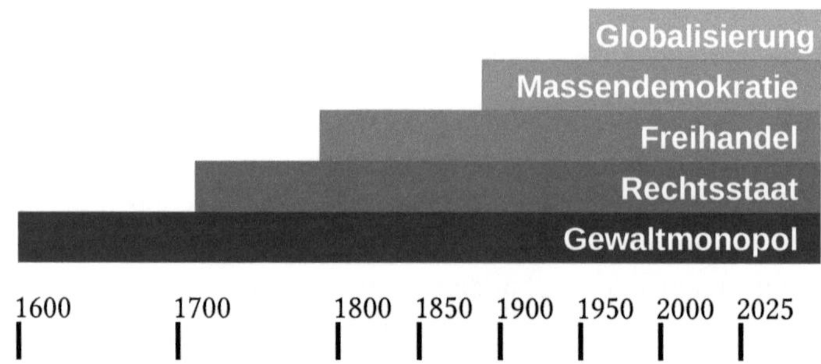

Die erkennbare geschichtliche Tendenz besteht in einem Prozess der Zivilisierung bzw. Humanisierung, der sich von einer kleinen Gruppe von Hochadligen und Patriziern auf die gesamte Menschheit ausgebreitet hat. Sie entfaltete sich aus barbarischen Verhältnissen über die Zentralisierung der Gewalt in Richtung auf eine maximale Entfaltung individueller Freiheit. Sie befriedete das bürgerliche Leben und beseitigte die Kriege. Der Liberalismus ist die Grundlage für die Hoffnung der Menschheit auf ein Leben in Sicherheit, Wohlstand und Selbstbestimmung. Freiheit blüht auf im Rahmen einer Ordnung, welche die destruktiven Möglichkeiten des Menschen zügelt. Dagegen lag im mittelalterlichen Fehdewesen die individuelle Freiheit darnieder, und dies nicht nur für die ausgebeutete Landbevölkerung, sondern auch für die herrschenden Barone.

Der Liberalismus im Kontext des Rationalismus der Neuzeit

Die Untersuchung soll zeigen, dass der klassische Liberalismus eine Phase in einem Kontinuum darstellt, das die gesamte Moderne umfasst. Es ist der neuralgische Punkt, bei dem sich das Paradigma des rational-legalen Prinzips der Gesellschaft durchsetzt. Darunter verstehen wir die Einigung auf ein Medium der Sozialbeziehungen, das rational und legitim ist. Es handelt sich tatsächlich um zweierlei: das Geld, bzw. das indirekte Tauschmittel, mit dem der Tausch ungleicher Güter zwischen Fremden möglich wird. Zweitens um Rechte, vornehmlich Eigentumsrechte, die die Stellung im Sozialgefüge regeln. Der klassische Liberalismus setzte mit der Einführung des rational-legalen Prinzips der Sozialbeziehungen die Freiheit des Individuums in Kraft. Die Zeit vorher stellte die Grundlagen, insbesondere die Zentralisierung und Steuerbarkeit der Herrschaftsverhältnisse und ein differenziertes Regelwerk zur Rationalisierung von Herrschaftsausübung her. Die Zeit danach ist gekennzeichnet durch die Ausführung und Entfaltung des Prinzips in einem Inklusionsprozess, bei dem immer weitere Gruppen entdiskriminiert wurden und in den Genuss des rechtlichen Gleichheitsprinzips gelangten. Quasi als Nebeneffekt dieser Implementierung hob sich der Lebensstandard der Massen erheblich. Wir sind noch immer in dieser post-klassischen Phase des Intensivierens und Ausbreitens des rational-legalen Prinzips im globalen Maßstab.

Die Einbettung des klassischen Liberalismus in einen weiteren Kontext öffnet den Blick für den Sinn der aktuellen Tendenzen der hochentwickelten Länder. Betrachten wir zwei der charakteristischen Merkmale: den *Langen Frieden,* der seit siebzig Jahren in Europa hält und weltweit zu einem fast vollständigen Verschwinden der Territorialkriege geführt hat, und die *Aufhebung diskriminierender Gesetze* in Bezug auf Frauen, Rassen oder andere Minderheiten. Es sind Implikationen der Leitidee der Freiheit. Die Leitidee der Freiheit leitet sich aus der Besonderheit des Menschen ab, die in seiner Verstandeskraft beruht, in seinem Vermögen, Urteile zu fällen. Die Freiheit ist nicht gleichzusetzen mit einem Wert wie Gerechtigkeit oder Wahrhaftigkeit, sie ist vielmehr eine Grundbedingung des menschlichen Seins. Sie impliziert das autonome Individuum, das sein Geschick selbst bestimmt und für sein Handeln selbst verantwortlich ist. Aus diesem liberalen Menschenbild ergibt sich denknotwendig die Anerkennung der Freiheit für alle Menschen. Wenn die Freiheit zusammenfällt mit der Urteilskraft des denkenden Menschen, so ist sie Merkmal aller denkenden Menschen. Freiheit ist eine inklusive Idee.

Die Einführung des rational-legalen Prinzips, das sich als Konsequenz der Freiheitsidee ergibt, kann nicht bei der eigenen privilegierten Gruppe stehen bleiben. Sie muss sich ihrem Wesen entsprechend über die ganze Erde ausbreitet und alle Menschen einschließen. Immer mehr Gruppen erringen bürgerliche Rechte und nehmen Teil an der Gestaltung der Gesellschaft. Daraus erwächst die Einsicht, dass die Instrumentalisierung staatlicher Einrichtungen, insbesondere Gesetze für die Verbesserung der Lebensbedingungen der inkludierten Gruppen, eine logische Folge des Freiheitsbegriffs ist. Der weitere Liberalismusbegriff trägt diesem Tatbestand Rechnung.

Wir können Parallelen ziehen zwischen dem Programm der Freihändler des 18. und 19. Jahrhunderts und dem der Reformsozialisten und den heutigen Programmen, die auf die Integration von Frauen oder von Einwanderern zielen. Wenn die Freihändler für die Abschaffung von Zöllen und Zünften argumentierten, wollten sie die Lebensbedingungen der Unternehmerklasse verbessern. Die Folge war eine Umlenkung der Geldströme weg von den Geldkisten der Aristokratie und des Berufsbeamtentums hin zu den Kontoren der Unternehmer. Wenn die Gewerkschaften für Tariflöhne eintraten, so ist das im Kern nichts anderes. Gesetzliche Regeln für Solidargemeinschaften wie Kranken- und Rentenkassen oder staatliche Förderprogramme für besondere Gruppen, die den Anschluss an das Erwerbsleben suchen, sind in gleicher Weise zu rechtfertigen.

An einer Frage jedoch scheiden sich die Geister: Der Kampf um die Verbesserung der Lebensverhältnisse kann in einen Widerspruch geraten zu den Grundprinzipien einer freiheitlichen Marktgesellschaft. Diese sind:

a) Gleichheit aller vor dem Gesetz und Überparteilichkeit des Rechts
b) Schutz des Eigentums und Leistungsgerechtigkeit: Anerkennung von faktischer Ungleichheit als notwendige Tatsache einer dynamischen Gesellschaft
c) Markt als selbstregulierendes System des Austauschs von Gütern und die Vertragsfreiheit

Staatliche Eingriffe können diese Grundprinzipien tangieren. Unterschiede können durch Umverteilungen gemildert werden. Förderprogramme können die Leistungsgerechtigkeit teilweise außer Kraft setzen und stattdessen eine Form ausgleichender Gerechtigkeit praktizieren. Staatsdirigistische Eingriffe z.B. bei der Energieversorgung können Teilmärkte beeinträchtigen. Die heutigen Interventionen stehen, wie gezeigt, im Zusammenhang des Freiheitsbegriffs. Sie sind nicht antilliberal, ergeben sich logisch aus dem Sinn eines erweiterten Liberalismuskonzepts. So lange die Kernprinzipien dominieren, ist eine Gesellschaft liberal. Ein Übermaß an Einschränkungen würde den liberalen Wesenskern schwächen und in letzter Konsequenz auslöschen. Doch scheint mir der Liberalismus in historischer Sicht äußerst robust. Dazu trägt die Wachsamkeit einer aufgeklärten, rational urteilenden Öffentlichkeit bei.

Die Komplexität der Gesellschaft des zwanzigsten Jahrhunderts nahm im Vergleich zum neunzehnten Jahrhundert zu. Insbesondere in der zweiten Hälfte traten zwei Faktoren auf, die eine Weiterentwicklung der liberalen Gesellschaftstheorie erfordern: a) Der Sozialismus wurde in zwei Schritten überwunden, die freie Welt dehnte sich nach Osten und Süden aus. b) Der Welthandel explodierte geradezu und der globale Norden und Süden rückten zusammen. Das hatte Auswirkungen auf die Gesellschaft in den hochentwickelten Ländern. Ideen, die vormals von sozialistischer Seite mit revolutionärer systemkritischer Absicht vorgetragen wurden, konnten in den Liberalismus (im weiteren Sinne) integriert werden. Im folgenden sollen einige der philosophischen Probleme beleuchtet werden, die sich aus der Zunahme der Komplexität und den sich erweiternden Freiheitsgraden hochentwickelter Gesellschaften ergeben. Die Untersuchungen betreffen das methodologische Fundament der liberalen Gesellschaftstheorie, doch sind die Probleme alles andere als abstrakt. Wer das Wesen der Gesellschaft verstehen will, muss verstehen, welche Motive handelnde Menschen antreiben.

Die liberale Gesellschaftstheorie im Spiegel der Vier Elementaren Beziehungsmodelle

von Helmut Krebs

In Steven Pinkers epochalem Geschichtswerk „Gewalt" findet sich unter den „besseren Engeln" (Kapitel 9, Moral) eine Zusammenfassung von Alan P. Fiskes Theorie „The Four Elementary Forms of Sociality: Framework for a Unified Theory of Social Relations"[2]. Fiske liefert eine Gesamtdarstellung der Theorien über Beziehungsmodelle. Durch die Zuordnung von Teil-

---

2   Psychological Review, 1992, Vol. 99, 689–723.

aspekten einer sehr breiten anthropologischen und psychologischen Forschung zu genau vier elementaren Beziehungstypen (siehe unten), schafft er einen Erklärungsrahmen für alle historisch-konkreten Erscheinungsformen von Beziehungen. Elementare Beziehungstypen sind solche Konzepte, auf die sich die historisch-konkreten Beziehungen reduzieren lassen. In reiner Form kommen sie im Rahmen von entwickelten Gesellschaften selten vor. Sie spielen im individuellen Handeln als Rahmenmodelle zusammen, konkurrieren miteinander, wechseln sich als Handlungskonzepte ab und mischen sich. Den Beziehungsmodellen sind vier Typen moralischer Wertungsrahmen zugeordnet. Die Beziehungstypen prägen gesellschaftliche Institutionen und Ideologien.

Ludwig von Mises legte mit seinem Hauptwerk „Nationalökonomie" (1940) (in der erweiterten und veränderten englischen Ausgabe „Human Action", 1949[3]) eine Theorie des menschlichen Handelns (Praxeologie) und eine Theorie des Marktgetriebes (Katallaktik) vor. Letzteres, die Makroökonomie, wird als Summe und Zusammenspiel individuellen Handelns, der Mikroökonomie, verstanden. Beide Teile zusammen ergeben eine Gesellschaftstheorie, die eng mit der politischen Strömung des Liberalismus verbunden ist. Es handelt sich um eine umfassende, grundlegende und konsistente liberale Gesellschaftstheorie. Die Forschungen Fiskes wurden ein halbes Jahrhundert nach Mises Werk veröffentlicht. Der liberale Sozialphilosoph kannte die Forschungsergebnisse der Psychologie, insbesondere Sigmund Freuds, die der Soziologie, insbesondere die Max Webers und die geisteswissenschaftlichen Positionen Diltheys, Windelbands und Rickerts, die in diesem Zusammenhang von Interesse sind, wenigstens bis zur Mitte des 20. Jahrhunderts. Er konnte aber schwerlich zu der Zeit, als er sein Grundlagenwerk schrieb, Kenntnisse von der ethnologischen und anthropologischen Forschung haben, die erst in der zweiten Hälfte des 20. Jahrhunderts veröffentlicht wurde. Es ist daher interessant, Mises Handlungstheorie im Lichte der fiskeschen Forschungsergebnisse zu beleuchten und kritisch zu untersuchen. Möglicherweise ergeben sich in der Folge Theoreme, die eine Weiterentwicklung des Liberalismus begründen können.

---

3   In deutscher Übersetzung veröffenlicht: http://menschliches-handeln.de unter Übersetzungen.

Zusammenfassung der Vier Elementaren Beziehungsmodelle

Die vier Modelle sind

- Communal sharing (CS, gemeinschaftliches Teilen)
- Authority ranking (AR, Hierarchiebildung)
- Equality matching (EM, Gleichstellung)
- Market prizing (MP, indirekter Tausch)

Weitere Beziehungsmodelle lassen sich bis heute nicht auffinden. Weder bieten die Felduntersuchungen der Ethnologen und Anthropologen noch die Studien der Psychologen Material, das nicht durch die vier elementaren Modelle erklärt werden kann, noch lässt sich formal ein fünftes Modell konstruieren, für das sich empirische Belege heranziehen ließen. Ich gebe hier eine knappe Zusammenfassung der Modelle[4]:

CS

Das Paradigma des *Comnunal sharing* ist die Mutter-Kind-Duade in der Brutpflege. CS finden wir in einer ursprünglichen Form in den ältesten menschlichen Gemeinschaften, den Familien und Horden. Es ist damit eine Art Urkommunismus gemeint. Es gibt kein Privateigentum. Alle vereinigen sich zur gemeinsamen Arbeit und konsumieren das gemeinsame Produkt nach ihren Bedürfnissen. Es gibt keine Verrechnung von Leistungen. Gemeinschaften bieten Schutz, Geborgenheit und Lebensunterhalt. Sie fordern die Einordnung in eine Gruppe von Gleichartigen. Die Mitglieder teilen materielle Güter und kulturelle Werte. Sie kommen nicht ohne Leitfigur aus. Der oder die Älteste oder ein Schamane bilden ein quasi-mütterliches Zentrum. Pinker bringt CS mit dem Hormon Oxytozin in Verbindung, das bei zärtlicher körperlicher Berührung freigesetzt wird. Es unterstützt die zwischenmenschliche Bindung und verschafft ein Gefühl von Behaglichkeit und Sorglosigkeit.

AR

Hierarchien sind vertikale Befehl-Gehorsam-Beziehungen. Das gesamte Eigentum gehört dem Chef (Häuptling, König), der es als Gunsterweisung dem Rang der Untergebenen und ihren Leistungen entsprechend zuteilt. Es

---

4 Eine ausführliche tabellarische Zusammenstellung der Merkmale findet sich in deutscher Übersetzung hier: http://menschliches-handeln.de/pdf/160 527_LiberaleGesellschaftstheorieundVierBeziehungsmodelle.pdf

sind komplementäre Beziehungen, die beide Seiten aufeinander verpflichten. Dem Gehorsam und der Treue der Untertanen stehen Fürsorge und Leitung als Pflicht des Chefs gegenüber. Pinker bringt AR mit dem Hormon Testosteron in Verbindung.

CS und AR sind *kollektivistische* Schemata.

EM

Das fortwährende *Herstellen von Gleichheit* in der Beziehung zwischen einem Ich und einer Vergleichsperson im Guten wie im Schlechten ist das Prinzip des EM. Es setzt persönliches Eigentum und Individualität voraus. Ungleichheit aus der Außenperspektive erfordert Ausgleich. Wenn ein Kind ein größeres Geburtstagsgeschenk bekommt, müssen alle Geschwister ebenfalls ein Größeres erhalten. Wenn du mich schlägst, schlage ich dich auch. Gleichheit im sozialen Status ist Gerechtigkeit in diesem Sinne. Tauschakte können nur Gleichwertiges tauschen. Gastgeschenke werden durch gleichwertige Gastgeschenke bei Gegeneinladungen kompensiert. Gleichheitsstreben ist ein *statisches* Prinzip.

MP

Marktpreisbildung schafft indirekte Tauschbeziehungen. Dinge werden gegen ein Tauschmittel getauscht und dieses wieder in andere Dinge eingetauscht. Auf diese Art lassen sich ungleiche Dinge handeln. Es entsteht ein Markt. Das Maß des Marktes ist das Tauschmittel (Geld). Die Beziehungen sind geschäftlicher (vertraglicher) Natur. Rechte und Geldmittel sind die Medien, über die Menschen in rational-legalen MP-Beziehung zueinander treten. Tauschbeziehungen können mit allen Menschen bestehen, auch solchen, die zu anderen Gemeinschaften gehören. Der Sinn des Tauschs ist der Gewinn. Gewinn ist der (subjektiv erwogene) Mehrwert des eingetauschten Gutes im Vergleich zum hingegebenen Gut. Dem Bäcker ist das Geld wertvoller als seine vielen Brötchen. Dem Käufer aber sind die erworbenen Brötchen wertvoller als ihr Preis in Geld. Preise sind die Schnittmengen von subjektiven Bewertungen aus gegenläufiger Sicht von Käufer und Verkäufer. Markttäusche sind folglich reziprok ungleichwertig. Beide Partner gewinnen. Gewinnstreben ist ein *progressives* Moment.

EM und MP sind *individualistische* Schemata.

Die Modelle bilden sich ontologisch in der Kindheit entsprechend der Anordnung nacheinander heraus. Sie lassen sich auch in ethnologischen Studien als Entwicklungsstufen der Menschheit nachweisen. Nacheinander entwickelte die Menschheit die Beziehungstypen CS, AR, EM und MP – in dieser Reihenfolge. CS ist basal, AR tritt schon bei steinzeitlichen Stammesgemeinschaften auf und EM kennen wir spätestens im Zusammenhang von mythologischen Erzählungen, etwa in den Streitigkeiten der olympischen Götter, die in der Jungsteinzeit und der Bronzezeit spielen. Die Modelle bauen nicht nur zeitlich aufeinander auf, sie übernehmen auch die jeweils historisch älteren und integrieren Elemente von ihnen, denen sie neue hinzufügen. Ein Stamm, der in Adel und Volk gegliedert ist, vereinigt sowohl CS als auch AR-Elemente. Unter Frauen eines Harems oder polygamer Familien werden sowohl AR- als auch EM-Elemente wirksam. Die historischen Entwicklungsstufen lassen sich danach unterscheiden, welches der Modelle paradigmatisch für die Gemeinschaft gilt. Erste Ansätze für Marktwirtschaft lassen sich bereits in der Jungsteinzeit finden, etwa im Fernhandel von Feuerstein, das in Großbaustellen industriell gewonnen wurde. In antiken Gesellschaften finden sich regionale Märkte und Fernhandel in beträchtlichem Umfang. Doch von marktwirtschaftlichen Gesellschaften sprechen wir erst in der Neuzeit, insbesondere seit der Glorious Revolution in England. Es brauchte viele tausend Jahre, bis sich Marktbeziehungen gegen autoritäre und egalistische Beziehungen verselbständigen und zum Leitbild der ganzen Gesellschaft werden konnten.

Mises Praxeologie

Mises Handlungstheorie basiert auf der Kategorie des Handelns. Handeln bedeutet das Tun eines Individuums, das bestimmte Mittel einsetzt, um ein bestimmtes Ziel zu erreichen. Es ist insofern teleologisch und zweckrational. Handeln ist immer rational. Die erstrebten Ziele sind vielfältig, doch sie eint ihr gemeinsamer Zweck, das individuelle Glück oder die Zufriedenheit zu erhöhen, bzw. die individuelle Unzufriedenheit zu mildern. Die eingesetzten oder erworbenen Mittel sind wirtschaftliche Güter. Wären sie nicht knapp, wäre Handeln nicht erforderlich, weil Unbefriedigtsein gar nicht auftreten könnte. Um zu atmen, müssen wir nicht handeln, weil Luft zur freien Verfügung steht. Unter Wasser jedoch brauchen wir Atemgeräte, die wir gegen andere wirtschaftliche Güter (Geld) eintauschen. Eingesetzte Güter (einschließlich der Zeit- und Kraftanstrengung des Tuns) nehmen im Handeln den Charakter von Kosten an, die erreichten Ziele sind Gewinne. Beim wirtschaftlichen Handeln sind Geldgewinne in der Regel nur Mittel zum Zweck, also Zwischenstufen für Zufriedenheitsgewinne, die den praxeologisch wesentlichen Gewinn ausmachen. Handeln ist das Aufschieben von aktueller triebgesteuerter Befriedigung zur Erlangung von größerer Befriedigung in der Zukunft. Es braucht folglich Bedingungen, die die Erreichung der Ziele in der Zukunft als ausreichend sicher erscheinen lassen, und Verstand.

Fassen wir die Merkmale der Kategorie des Handelns zusammen: Handeln ist immer

- das Tun eines Individuums,
- bewusst, rational,
- wirtschaftlich und
- auf einem Zuwachs an eigenem Glück oder eigener Zufriedenheit ausgerichtet.

Aus dieser Sicht ist Handeln grundsätzlich egoistisch. Bezugspunkt ist sowohl was die Motivation betrifft (Unbefriedigtsein) als auch das Ziel (höhere Zufriedenheit) immer das einzelne Ich. *Handeln ist Gewinnstreben von Einzelnen.* Mises betont an vielen Stellen, dass der Utilitarismus, die Lehre von der Nützlichkeit als Maßstab für richtiges und falsches Handeln, ein Kernelement der Praxeologie ist.

Es fällt nicht schwer, das praxeologische Konzept in Fiskes viertem Modell wiederzufinden. Wirtschaftliches Handeln erzeugt Beziehungen nach dem Muster des Market prizing. Die Frage ist nur, wie sich die drei anderen Modelle zur Praxeologie verhalten. Kann die Kategorie des Handelns in die drei basalen Modelle integriert werden? Können wir menschliches Rollenverhalten des CS und des AR überhaupt Handeln nennen oder flicht sich Handeln in das Rollenverhalten ein? Ist Equality matching gleichzusetzen mit zweckrationalem zielgerichteten Streben nach Gewinn? Sind utilitaristische Deutungen von CS, AR und EM stimmig?

Fehldeutungen durch falsche Perspektiven

Nehmen wir an, dass die Praxeologie alles menschliche Tun erklären kann, so müssen wir menschliches Tun, das sich im Rahmen eines der drei ersten Modelle abspielt, als bewusstes zweckrationales Gewinnstreben interpretieren. Eine solche Sichtweise taucht alles in den schälen Verdacht des versteckten Egoismus. Diesen Standpunkt nimmt der Objektivismus Ayn Rands ein. Eine ähnliche, doch biologistische Sicht deutet das Verhalten aller Lebewesen als Ausdruck eines egoistischen Gens. Anhand einiger Beispiele soll die Erklärungskraft einer rein individualistischen und zweckrationalen Deutung menschlicher Verhaltensweisen untersucht werden.

CS praxeologisch gedeutet

Nehmen wir ein Beispiel: Das Säugen eines Kindes zur mitternächtlichen Schlafenszeit durch eine übermüdete und entkräftete Mutter oder das Aufstehen des berufstätigen Vaters beim Schreien des Kindes zur Schonung der Mutter wäre nur anscheinend der Liebesdienst, für den es vulgo angesehen wird. Eigentlich sei es ein innerer Tausch: die Mutter tauscht ihr Unbefriedigtsein über den Hunger des Säuglings mit dem Gewinn des Befriedigtseins durch das Säugen. Gewiss, so lässt sich das Tun erklären, aber ist diese Erklärung stimmiger als die, dass die Mutter ihr Kind liebt und sich um es sorgt? Dürfen wir annehmen, dass ihr persönliches Befriedigtsein dadurch wächst, dass sie noch mehr übermüdet ist? Wenn wir sie fragen, ob sie gerne aufsteht, würde sie verneinen. Es kann zur Qual werden und muss dennoch sein. Steht sie auf, damit sie sich an dem satten entspannten Grunzen ihres Babys nach getaner Stillung erfreuen kann? Nein, sie nimmt es kaum wahr, nickt unbeabsichtigt darüber ein und reißt sich erschrocken wieder aus dem Schlaf. Wenn nicht im unmittelbaren körperlichen oder emotionalen Bereich, liegt der Glücksgewinn dann in einem eitlen Stolz, eine gute Mutter zu sein. Auch dies würde sie verneinen. Gäbe es eine Maschine oder eine Amme, die ihr diese Arbeit nächtens abnehmen könnte, würde sie das in Erwägung ziehen und könnte noch stolzer sein auf sich, der guten und geschickten Mutter. Sie nimmt die Hilfe des Ehemannes gerne in Anspruch, der Flaschennahrung spendet. Der Sinn ihrer aufopfernden Mütterlichkeit liegt darin, dass sie das Baby liebt. Sie will nicht, dass es Hunger leidet. Lieber gibt sie ein Stück ihrer Selbstbefindlichkeit drein, als dass es, das doch vollständig von ihrer Fürsorge abhängig ist, leidet. Mütterliche Fürsorge ist ein Beispiel für altruistisches Verhalten, dessen Umdeutung zu einem versteckt egoistischen unstimmig erscheint. Nur wenn wir aus ideologischen Gründen Altruismus ausschließen, erscheinen die komplizierten und unbelegbaren Deutungen von altruistischem Verhalten als egoistischem Gewinnstreben scheinbar zwingend.

Altruistisches oder wenigstens nicht gewinnorientiertes Verhalten lässt sich im Rahmen des CS-Modells an vielen Beispielen zeigen. Welchen Sinn hat das Opfer im Gottesdienst, das Kirchgänger rituell entrichten? In der Regel wird es diskret eingelegt, so dass niemand weiß, wie viel die anderen geben. Auch ist niemand gezwungen, zu opfern. Es geschieht freiwillig. Der Verwendungszweck der Gaben ist häufig bekannt, doch opfern Gläubige auch, ohne den konkreten Zweck zu kennen. Es wird unterstellt, dass er irgendeinem guten Zweck zugeführt wird. Das Opfer soll für andere Gutes bewirken, nicht für den Spender. Das ist die Zwecksetzung. Wo wäre hier ein egoistisches Motiv hineinzudeuten? Geht es um die geheime Pascalsche Wette mit dem lieben Gott? Geht es darum, dass der Gläubige sich durch Gott beobachtet glaubt und deshalb um sein Heil im Jenseits besorgt ist? Diese Gesichtspunkte können fehlen und Opfer dennoch gegeben werden. Das Opfer ist eine Konvention, die zu den gemeinschaftsstiftenden Zeichen gehört. Der „Lohn" des Opfers ist die Erhaltung der Glaubensgemeinschaft durch das Feiern des Gottesdienstes, dessen Teil das Opfer ist. Der Gläubige weiß sich auf dem rechten Weg, wenn er zur Gemeinschaft gehört. Er tut das, was alle anderen auch tun, die dazugehören.

Der Sinn von Verhaltensweisen im Rahmen des CS ist *das Dazugehören*. Es ist kein egoistischer Vorteil gegenüber anderen, sondern *das Bilden einer Gemeinschaft, dessen Teil der Einzelne ist*. Das Dazugehören kann aus ökonomisches Sicht sogar mit materiellen Verlusten verbunden sein. Nehmen wir den Eintritt in einen Klosterorden, der Armut, Keuschheit und Demut als Gelübde fordert. Wenn alle Gewinnmöglichkeiten im Sinne wirtschaftlichen Handelns ausgeschlossen sind, wo bleibt dann noch Raum für eine utilitaristische Deutung? Geht es um einen heimlichen elitären Dünkel, um Pharisäertum? Mag sein, doch müssen wir dies bei allen unterstellen, auch bei denen, die keinerlei Zeichen dafür geben. Die Verengung auf eine praxeologische Sicht zwingt uns zu pauschalen Vorurteilen.

Liebe und der Wunsch nach Gemeinschaft sind einfache Erklärungen menschlichen Handelns, die durch eine praxeologische, utilitaristische Deutung nur unnötig verkompliziert werden.

AR praxeologisch gedeutet

Die Herstellung von hierarchischen Beziehungen ordnet Menschen nach dem Muster von Ordinalzahlen in einer Reihung, d.i. sie schafft eine Rangordnung. Ein Vorteil des AR liegt in der Möglichkeit, eine Gruppe zu instrumentalisieren, um Gruppenziele zu erreichen. Die Gruppe vereinigt die Individuen zu einem Werkzeug. Nehmen wir als Beispiel die Jagd. Selbst wenn alle Jäger die gleichen Aufgaben erfüllen würden, etwa als Treiber, erfordert die gemeinschaftliche Jagd doch eine Koordination der Einzelnen und damit einen zentralen Willen. Welches Wild soll gejagt werden? Wer übernimmt welche Aufgaben? Solche Fragen müssen in der Weise beantwortet werden, dass die Kräfte sich organisch vereinen und einem gemeinsamen Zweck unterordnen. Weit mehr setzt eine Arbeitsteilung (beispielsweise das Zusammenwirken von Treibern und Jägern) eine Ordnung voraus, die sich autoritär schneller und sicherer einstellt als konsensuell. AR ergänzt CS durch eine Hierarchie. Die Anwendungsbeispiele sind endlos: kriegerische Unternehmungen, Seefahrten und Handelskarawanen, Produktionsbetriebe. Auch Familien und Schulklassen brauchen Hierarchien, wenn sie Ziele erreichen wollen.

Wenn wir Verhalten im Rahmen des AR praxeologisch deuten, so liegt es nahe, den individuellen Anteil am Gesamtnutzen als Ziel auszumachen, etwa den Beuteanteil. Doch versagt dieses Muster in vielen Fällen. Ein Turniersieg im Rahmen des Sports bringt Anerkennung, Aufmerksamkeit und schmeichelt die Selbstliebe. Doch auch die Zweitplatzierten, ja selbst die Letztplatzierten können aus der Turnierteilnahme Freude gewinnen. Und diese lässt sich nicht ausschließlich als Lust an der Bewegung deuten. Das Finden der Rangordnung ist Selbstzweck aller Teilnehmer, die wissen wollen, wo sie stehen und mit der Durchführung des Turniers nicht nur die Ränge bestimmen, sondern die Institution der Liga, d.i. die Ordnung, reproduzieren.

Wie deuten wir den Heldentod, der für militärische Gemeinschaften signifikant ist? Wo ist der egoistische Gewinn, wenn sich ein Krieger bei der Verteidigung einer angegriffenen Stellung bis zum Tod dem Angriff widersetzt, obwohl andere Truppenteile bereits zurückgezogen werden? Fürchtet er nur, als Deserteur erschossen zu werden? Was ist aber dann mit jenen, die Berichten zufolge, sich nicht ergeben, obwohl sie dies straflos tun könnten? Treue bis in den Tod ist nicht nur ein hohler Spruch, er wirkt als Maxime innerhalb von Gemeinschaften, die nach dem Modell des AR einen *Ehrenkodex* pflegen. Die Identifikation mit den Idealen der Treue und des Selbstopfers für die Gemeinschaft ist charakteristisch für ausgeprägte AR-Gruppen.

Nehmen wir ein weniger dramatisches Beispiel. Militärische Einheiten bilden Formationen. Sie stellen sich in der festgelegten Ordnung des Kaders auf, nebeneinander und hintereinander. Sie tragen Embleme der Einheit, eine Uniform und Fahnen, und koordinieren ihre Bewegungen, beim Präsentieren und Marschieren. Diese Uniformierung muss eingeübt werden, und dies geschieht nicht ohne Druck, da doch Befehl und Gehorsam das eigentliche Element des AR ist. Doch eine eingeübte Gruppe koordiniert sich von selbst, indem jeder einzelne seinen Beitrag zur Bildung der Ordnung genuin leistet. Er empfindet die vollkommene Ordnung als Genuss. Sein persönlicher Gewinn ist abgeleitet vom Erscheinungsbild des Corps. *Corpsgeist* ist mehr als nur ein mit Angst und Schrecken erzwungenes fremdbestimmtes Muss. Wie anders erklären wir uns die aus der militärischen Formensprache übernommenen Formationen von großen Kapellen und Orchestern oder Tanzgruppen, deren Zusammenwirken und Zusammenspiel die Unterordnung jedes Einzelnen voraussetzt und als Erscheinungsbild der Gruppe auftritt, welches den Mitgliedern Freude bereitet? Ein Bibliothekar, der hervorstehende Buchrücken in die Reihe zurückschiebt, stellt sie nicht des egoistischen Vorteils willen her, sondern, weil er Ordnung haben will.

Der Sinn des AR-Modells ist die *Schaffung von Ordnung*, die instrumentelle Funktionen übernehmen können. Die Ordnung ist das Ziel des Tuns. Sie gibt dem Einzelnen einen Platz, wo er hingehört. Viele Menschen empfinden es entlastend, Befehlen zu folgen, anstatt eigenverantwortlich zu handeln. Es befreit sie von Überforderung und Unsicherheit. Erst das konkurrierende Auftreten des dritten Modells stellt Hierarchien in Frage, indem es das Ideal der Gleichheit einfordert.

EM praxeologisch gedeutet

Equality matching unterscheidet sich von CS und AR dadurch, dass es nicht kollektivistisch, sondern individualistisch gepolt ist. Bei CS und AR sind Individuen in Gruppen eingebunden, von denen sie ihre Werte und ihre Wertschätzung beziehen. Die Instanz, die die Wertschätzung des Individuums im Rahmen eines EM definiert, ist das selbstreflexive Ich. EM untersucht die persönliche Position im Verhältnis zu der eines anderen. Ungleichheit wird als Ungerechtigkeit beurteilt. Das Handeln strebt nach Gerechtigkeit, was hier Gleichheit bedeutet. Wir können den Sinn von EM in der *Selbstbehauptung* gegenüber anderen sehen.

Sowohl EM als auch MP kennen das Prinzip des Tauschs und setzen die Unterscheidung von Mein und Dein, d.i. das persönliche Eigentum, voraus. Doch während im Rahmen des MP Tauschhandlungen immer auf Gewinn aus sind, zielen sie im Rahmen des EM auf die Erhaltung eines Gleichgewichts. Tauschanreiz beim MP ist die paradoxe subjektive Wertung des Nutzens der zu tauschenden Güter. Die subjektive Wertlehre sagt, dass Tauschhandlungen (im Rahmen des MP) nur dann zustande kommen, wenn die Güter für den jeweiligen Tauschpartner mehr (subjektiven) Wert besitzen als das wegzugebende Gut. Es wäre sinnlos 10 Euro gegen 10 Euro zu tauschen, um 10 Euro zu erhalten. Im Rahmen des EM ist aber ein solcher Tausch unter bestimmten Bedingungen sinnvoll. Anna hat Klara 10 Euro geliehen. Einige Zeit später leiht Klara Anna diesen Betrag, weil diese es zuvor auch getan hat, wobei es keine Rolle spielt, ob das geliehene Geld zurückgezahlt wurde oder quasi ein verkapptes Geschenk war. Nehmen wir eine Essenseinladung. Sie wird von Seiten des Gastes nach einer angemessenen Zeit gegenüber dem Gastgeber erwidert. Im Rahmen des EM bedeutet dies die materielle und symbolische Egalisierung der Lage. Das ist das eigentliche Ziel des EM, nicht das Essen oder irgend ein anderer wirtschaftlicher Gewinn.

Gleichheit im Sinne von EM erschöpft sich nicht in gleich großem Reichtum an Gütern. Es ist gar nicht auf die Mehrung von Gütern aus, sondern auf die Gleichheit der persönlichen Lage im Vergleich zur korrespondierenden bzw. konkurrierenden Entität. EM will nicht mehr *haben*, sondern gleich *sein*. Eigentum, das Mein, im Sinne des EM unterscheidet nicht zwischen wirtschaftlichen Gütern und der Persönlichkeit. Sein Eigentumsbegriff beinhaltet die Persona, d.i. die Merkmale des Ichs aus einer fiktiven Beobachterperspektive im Abgleich mit einem anderen. Es nimmt hier Züge des CS auf. Wenn es darum geht, ein guter Schüler zu sein, dann will das Ich auch ein guter Schüler sein. Das kann es erreichen, indem es sich auf die Leistungshöhe der Besseren hocharbeitet oder indem diese absinken. Beides befriedigt den Gleichheitswunsch. Immer wieder beobachten wir, dass ganze Schulklassen unter dem Einfluss des EM im Niveau absacken, weil niemand als Streber herausragen will. In diesem Fall führt das EM zur Bildung einer Gemeinschaft nach dem Modell des CS.

Zweifellos können Gerechtigkeitsgewinne in vielen Fällen als praxeologische Gewinne gedeutet werden. Nehmen wir die Forderung nach gleicher Bezahlung von Frauen und Männern für gleiche Leistungen, so verbinden wir damit in der Regel die Erwartung von höherer Entlohnung für Frauen. Wir würden dennoch den psychologischen Sinn des EM verkennen, wenn wir außer Acht ließen, dass der Schwerpunkt des Motivs auf der Gleichstellung, nicht auf der Lohnerhöhung liegt. EM stößt sich an Verhältnissen der Ungleichheit. Sie wird unter dem Gesichtspunkt der Ungerechtigkeit oder Unfairness kritisiert, und diese Kritik muss auch im Rahmen des EM-Modells von der Gegenseite anerkannt werden. Die Lösung, die im Rahmen des EM akzeptiert werden muss, könnte auch eine Nivellierung auf niedrigerem Niveau beinhalten. Es könnte auch durch eine Senkung des männlichen Lohns angeglichen werden.

Neid wurde als ein Affekt bezeichnet, der darauf aus ist, dass andere nicht besser gestellt sind, als der Neider. Neid sucht seine Befriedigung oft in einer Schädigung des Beneideten, als Ausgleich für eine empfundene Benachteiligung, ohne dass ein persönlicher Gewinn im utilitaristischen Sinn damit verbunden wäre. Wir können die Forderung nach Deckelung von Managergehältern in diesem Sinn interpretieren, ein Phänomen des EM, das nur auf eine Schädigung anderer aus geht.

Auch das Modell des EM – obgleich individualistisch funktionierend – zielt auf die Herstellung einer Beziehungsordnung, in diesem Fall auf Symmetrie der Position innerhalb der Gemeinschaft. Es kann sich daher mit dem CS und AR verbinden, beim AR als Funktion innerhalb einer Ebene der Rangordnung.

Ein Verhalten nach dem Modell des MP wäre im Beispiel der absackenden Schulklasse ein Streben nach besseren Leistungen, wobei die Note die Währung darstellt. Es bildet sich Ungleichheit heraus. Managergehälter würden als Auswirkung von knappen Angeboten bei starker Nachfrage interpretiert und nicht geneidet werden.

Ideengeschichtliche Bezüge der Praxeologie und der fiskeschen Beziehungsmodelle

Mises Praxeologie steht stark in der Tradition der biologistischen Triebtheorien. Es ist zunächst eine Übertragung des Trieb-Reaktions-Schemas auf menschliche Verhältnisse. Eine Triebhandlung hat ihren Ausgang in einer Appetenz, einem Triebhunger, der auf ein bestimmtes Ziel ausgeht. Der Appetit löst eine Handlung aus, die einem bestimmten Verhaltensschema unterliegt, und die Erreichung des Triebzieles befriedigt den Appetit. Dieses dreigliedrige Schema findet sich in der Praxeologie in Form von Unbefriedigtsein – Mittel-Zielwahl – Handlung.

In Abweichung vom Triebschema öffnet Mises die Instanz des Unbefriedigtseins auch für ideelle Motive. Die Mittel-Zielwahl kann eine zeitweilige Unterdrückung von Triebimpulsen beinhalten. Sie erfolgt bewusst und verstandeskontrolliert und hat damit Entscheidungsspielräume (Freiheit). Doch nimmt die Praxeologie im Subtext einige der triebtheoretischen Implikationen stillschweigend in sich auf. Unbefriedigtsein bezieht sich auf eine subjektive Verfassung, deren Unlustqualität das Handlungsmotiv ist. Sättigung und Stillung eines Bedürfnisses verstehen wir in diesem Deutungskontext als körperlich-seelische Trieberfüllung.

Wenn Mises ideelle Motive in das Schemata integriert, wird das Modell unscharf. Idealistisches Handeln und materialistisches sind nicht nur motivisch, sondern auch strukturell verschieden. Das praxeologische Appetenzhandeln zielt auf den Erwerb von Gütern oder auf einen konkreten Nutzen. Letzten Endes ist es immer mit dem Haben von physischen Dingen verbunden und wird daher als materialistisch bezeichnet. Idealistisches Handeln zielt aber nicht auf persönliches Haben und individuellen Nutzen. Es setzt sich zum Ziel, die menschlichen Verhältnisse gut zu ordnen. Sein Ziel ist die Durchsetzung einer Idee. Daher nennen wir es idealistisch. Das wirkt sich strukturell dahingehend aus, dass sowohl der Ausgangspunkt des Handelns nicht ein persönliches Unbefriedigtsein im Sinne eines physiologisch-psychologischen Bedürfnisses ist, sondern ein kognitives Urteil über die Lage der menschlichen Verhältnisse. Wir müssen uns hier von der triebtheoretischen Folie der Praxeologie lösen. Kant würde es ein Handeln aus Pflicht statt aus Neigung nennen.

Auch die Zielwahl des idealistischen Handelns unterscheidet sich von der des materialistischen. Der „Gewinn" des idealistischen Handelns lässt sich nicht in Geldwert ausdrücken. Er besteht nicht in einem konkreten Nutzen. Sein Wesen ist die Verringerung einer Differenz zwischen Sein und Sollen. Weil dies aber kein Ding ist, sondern ein Zustand, der fortwährendes Regeln und Steuern erfordert, findet das Handeln keinen definierbaren Abschluss. Es löst sich auf in einen Zustand, den wir Haltung oder Gesinnung oder Charakter nennen. Idealistisches Handeln, das auf die Erhaltung einer guten Ordnung zielt, kann als ein homöostatisches Regelsystem verstanden werden. Wenn Pädagogen bei Kindern auffälliges Verhalten bemerken, schenken sie ihnen vermehrte Aufmerksamkeit. Wahl des Mittels und Ziel fallen zusammen. Der Weg ist das Ziel.

Fiskes Beziehungsmodelle stehen theoriegeschichtlich in der Tradition des systemischen Denkens. Systeme streben nicht nach Zwecken, sondern unterliegen bestimmten Funktionen. Die basale Einheit ist nicht das Individuum, sondern die Duade. Zwei Elemente stehen in einer Beziehung zueinander, die durch Rollenskripte definiert werden. Psychologische und physiologische Bezüge sind noch weiter in den Hintergrund gerückt als in der Handlungstheorie. In den Blick treten die formalen Strukturen. Sind die Elemente horizontal oder vertikal geordnet? Sind sie einfach oder verschachtelt zu einer größeren Einheit geformt? Gibt es Rückkopplungen in Sinne der Kybernetik? Hat es die Qualität der Autopoiese (selbstorganisierend oder zentral gelenkt)? Ist das autopoietische System in einem statischen Zustand oder in einer Umformung begriffen?

Wir müssen systemisches von holistischem Denken unterscheiden. Systemische Theorien sind rationalistisch. Sie untersuchen nicht Entitäten, also Individuen und ihr Handeln, sondern die Beziehung von Individuen und damit soziale Strukturen. Holistische Konzepte versuchen eine komplexe empirische Realität durch Anschauung als Ganzheit zu verstehen. Sie sind daher intuitionistisch, d.h. irrational. Die Praxeologie argumentiert an vielen Stellen implizit systemisch. So definiert Mises die Gesellschaft als ein Teilmoment des handelnden Individuums, nämlich als die Summe seiner auf andere gerichteten Handlungen. Das ist inhaltlich dasselbe wie das Konzept „Beziehung". Praxeologie und Systemtheorie unterscheiden sich nur in der Perspektive. Während die Praxeologie stets vom rationalen Ich ausgeht, das sich im Handeln bekundet und dadurch für den Außenbeobachter verstehbar wird, beobachtet der systemische Sozialforscher handelnde Menschen immer im Rahmen von Beziehungen und untersucht die Struktur dieser. Er entwickelt Modelle, die sie beschreiben, indem er auf formale Kategorien zurückgreift, die er aus anderen Kontexten kennt. Handeln als Kategorie ist hier nur eine von mehreren. Andere sind zum Beispiel mathematische Theorien wie die Abelsche Gruppe oder ästhetische Konzepte wie Symmetrie und Komplementarität. Systemische Modelle entsprechen dem, was Mises Gedankenbild nennt. Es sind aprioristische Konstrukte, die formale Ähnlichkeit mit Datenbeständen (Beobachtungen) aufweisen und als deren Gesetze angenommen werden.

Wenn Elemente systemisch betrachtet werden, wird angenommen, dass die Handlungsspielräume durch die Systemfunktionen eingeschränkt sind. Wenn im Rahmen eines CS-Modells aus den Reihen der Gleichen ein Individuum auftritt, das Anspruch auf die geistliche Führung erhebt, wird es als teuflisch angesehen. Auflehnung gegen die Ordnung kann nicht toleriert werden. Rebellen werden ausgesondert, während das System weiter seine Funktionen erfüllt. Das kontradiktorische Verhalten wird zur Störung von außen. Die obligatorische Strafe innerhalb der antiken athenischen Aristokratie war die Verbannung.

Die physiologischen Faktoren (Gene, Hormone, Zerebralorgane), auf denen die biologischen Verhaltensschemata (Instinkte wie Flucht) beruhen, und die psychologischen, die erworbene Verhaltensschemata auf der Grundlage der vererbten Anlagen ausbilden (Affekte wie Neid), stellen für Systeme äußere Rahmenbedingungen dar, die die Funktionsmöglichkeiten einschränken. Alle Ideologien sind zum Scheitern verurteilt, die die menschliche Natur umformen wollen. Diese formt sich in sehr langen historischen Zeiträumen spontan. Für politische Strömungen müssen sie als Konstante angesehen werden. Die destruktiven Anlagen verschwinden nicht einfach, wenn Herrschaftsverhältnisse umgestürzt werden. Gemeinschaften müssen destruktive Kräfte des Menschen zügeln. Daher wenden sie das AR an, welches das CS-Modell einschränkt, um die Gemeinschaft am Leben zu halten.

Andererseits können solche basalen Funktionen auch Funktionsinhalte der Systeme sein. Bindung z.B. ist eine Systemfunktion des CS. Systeme können wir als Lösungen von solchen basalen Faktoren ansehen. In diesem Sinne ist das System MP die Lösung für das Bedürfnis nach individuellem Gewinnstreben. Sozialreformismus befriedigt das Bedürfnis nach sozialer Gerechtigkeit, das ungeachtet seiner Uneinlösbarkeit eine unauslöschbare menschliche Konstante ist. Die Modelle sind auseinander hervorgegangen, weil sie in sich widersprüchlich sind. Sie übernehmen Elemente ihrer Vorgänger. Der vorläufigen Weisheit letzter Schluss, das MP, schließt die drei Vorläufer in sich ein. Marktwirtschaftliche Gesellschaften sind komplex, insofern sie alle vier Modelle enthalten.

Wenn CS und AR kollektivistische Schemata sind, und EM und MP individualistische, und wenn diese Schemata historisch und logisch auseinander hervorgehen, so können wir eine langfristige Tendenz zur Individualisierung in der Menschheitsgeschichte konstatieren. Dies ist gleichbedeutend mit einem Zuwachs an Freiheit. Nur Individuen können Freiheit haben.

Das Problem der Praxeologie besteht darin, dass es als einzig gültiges Schema allen menschlichen Handelns gelten soll und dass es rein rationalistisch konzipiert ist. Menschen sind aber am vorläufigen Ende ihrer Entwicklung noch immer mit allen Fasern ihres Körpers und ihrer Psyche an ihre tierischen Vorfahren geknüpft. Die elementaren Modelle wirken fort und mit den höheren zusammen. Daher die perspektivische Verzerrung, wenn wir CS-, AR- und AM-Befunde praxeologisch deuten. Praxeologie ist in meinen Augen die Quintessenz des MP-Schemas. Es liegt dem ökonomischen Handeln zugrunde, doch kann es nicht die Fülle menschlicher Seinsmöglichkeiten beschreiben. Irrationale Gegebenheiten fließen nicht einfach in das Handeln als Werte/Ziele ein, sie erzeugen auch andere Verhaltenstypen als das (rationale) Handeln.

Die Quintessenz von Pinkers Geschichtswerk ist aber nicht einseitig die Geschichte wachsender Freiheit, sondern die sich entfaltenden Humanität. Humanität schließt Freiheit und Gewaltlosigkeit, Gerechtigkeit und Ungleichheit in sich ein. Es ist ein sehr komplexer Begriff.

Konflikte, die aus der inneren Widersprüchlichkeit der Beziehungsmodelle entstehen

Die Beziehungsmodelle eins bis drei sind in sich widersprüchlich und treiben aufgrund dieser inhärenten Inkonsistenz über sich hinaus. Gleichwohl sind sie intuitiv stimmig und Teil unserer unbewussten Motive.

CS

Die große Verhaltensforscherin für Schimpansen, Jane Goodall, beobachtete, wie „ihre" Affen, die sich untereinander zärtlich und fürsorglich verhielten, ein Jungtier aus einer fremden Horde jagten, bei lebendigem Leib zerrissen und fraßen. Fiske zählt unter Aggression und Konflikte des CS: „Rassismus, Genozid um ‚die Rasse zu reinigen'. Töten um die Gruppenehre zu verteidigen. Krawalle, die auf einer Entindividualisierung beruhen. Gleichberechtigung aller ‚anderen'. Terroristen und Teilnehmer von Krawallen töten alle Mitglieder von gegnerischen ethnischen Gruppen."

Pinkers Aufstellung der Mortalitätsraten archaischer Gesellschaften im Vergleich mit hochentwickelten Staaten spricht für sich. Das Leben in vormodernen Gesellschaften ist hart, brutal, ungesund und kurz. Wenn es heißt, dass die Natur des Menschen böse sei, so können wir erklären, dass in der Natur des Communal sharing die Ausgrenzung aller anderen liegt. Gemeinschaftsbildung heißt eine Moral für die Gruppe und eine andere für die Außenwelt aufzustellen. Innerhalb der Gruppe gilt das Prinzip des Hegens und Pflegens, des Schützens und Vorsorgens, der Liebe, Zuwendung und familiären Geborgenheit. Wir tauschen mit Gruppenmitgliedern Berührungen und Küsse aus, teilen die Lebensmittel, nehmen gemeinsame Mahlzeiten ein. Außenstehende sind ausgeschlossen, ihre Ressourcen eine potenzielle Beute. Sie werden als Minderwertige verachtet, genießen nicht unser Mitgefühl, werden nicht als Personen angesehen, genießen keine Rechte. Kollektivistische Ideologien der neueren Geschichte wie Rassismus, Sozialismus, Sexismus, Antisemitismus, ebenso wie Nationalismus, die Ismen der Religionen und ein archaisches Stammesdenken (Familienehre) streben nach einem Sieg in Nullsummenspielen, bei denen der eine gewinnt, was der andere verliert.

Gemeinschaften grenzen sich nach außen durch heilige Symbole und Tabus ab. Heiligtümer können von Außenstehenden „beleidigt" werden.

Sie zu schützen fordert ein Ehrenkodex, der Vernichtung oder Demütigung des Beleidigers sucht. Die besondere Grausamkeit von Strafen wie Steinigung der Ehebrecherin, Verbrennung des Ketzers oder Vergasung des „Untermenschen" ergibt sich logisch aus der Vorstellung von Heiligkeit und Göttlichkeit des eigenen. Reinheit und Beseitigung des Unreinen ergänzen sich logisch.

Die Gleichheit aller ist auch in einem reinen CS-Modell nur Fiktion. Die Anhänger einer Glaubensgemeinschaft stehen in unterschiedlicher Nähe zum Zentrum. Unter den Jüngern Jesu war Johannes der Liebling, Judas der Verräter. CS ist inhärent instabil. Es tendiert zum AR. Die Apostel mussten die Sache in die Hand nehmen und die neue Kirche zentralisieren und leiten.

AR

Das Ideal des AR ist eine perfekte Ordnung durch eindeutige Zuweisung von Rängen. Doch liegt es in der Natur einer Hierarchie, dass die Gleichgestellten einer Ebene sich Vorteile durch Privilegien verschaffen, indem sie um die Gunst der Vorgesetzten buhlen. Sie konkurrieren um die Aufstiegschancen, indem sie sprichwörtlich Radfahren: nach oben buckeln, nach unten treten. Vorgesetzte meiden es, besser Begabte in ihrer Nähe zu haben, damit die eigenen Schwächen nicht in Erscheinung treten. Der Konkurrenzkampf wird umso härter, je höher die Ränge. Um die Spitze wird am härtesten gekämpft. Sogenannte Seilschaften stellen kryptische Suborganisationen zum Zwecke der gegenseitigen Hilfe bei der Karriere dar. Gesellschaften, deren politisches System am Modell des AR orientiert ist, sind tendenziell instabil. Putschismus ist typisch für Despotien. Die Gefährdung der Elitestellung erzeugt eine Tendenz zur Unterdrückung und Brutalität. Fiske spricht von einigen Merkmalen der F-Skala, d.i. von Merkmalen des Faschismus.

Treue und Gehorsam, Tapferkeit und Opferbereitschaft sind die Tugenden des Nachrangigen. Verräter müssen gehenkt, Ungehorsame gedemütigt, Feige erschossen und Gefallene geehrt werden.

EM

EM ist ein instabiles Modell, ein Beziehungssystem, in dem fortwährend korrigierend eingegriffen wird, um ein stabiles Gleichgewicht zu erreichen.

Beim Ideal der Gleichheit täuscht sich das Individuum über die Möglichkeit, ein Gleichgewicht zwischen Individuen stabilieren zu können. Es entdeckt tatsächlich immer weitere Ungleichheiten. Der Dauerzank unter Geschwistern liefert unerschöpfliches Anschauungsmaterial. Im Rahmen eines Equality matching können sich Zank- und Konfliktspiralen verfestigen, die ohne neutralen Vermittler nicht lösbar sind. Die Erzfeindschaft von Nachbarn, seien es Familien oder Nationen können über Jahrhunderte andauern. Kollektive können als Einheiten in ein EM eintreten, indem sie sich mit anderen vergleichen. Wer baut das höchste Gebäude der Welt? Dubai oder Taipeh? Frankreich und England konkurrierten im 18. Jahrhundert miteinander, Deutschland mit Frankreich im ausgehenden 19. Jahrhundert. Ein Mittel der Angleichung kann die gewaltsame Degradierung des anderen sein (Kaiserkrönung Wilhelms I. im Versailler Spiegelsaal, 1871, und Versailler Vertrag, 1919). Rache und Neid spiegeln Bestätigung und Kompensation.

Wenn erkannt wird, dass der Übergang von reiner Konkurrenz zu Kooperation nützlich ist, geht EM in MP über. Dieser Punkt bezeichnet einen Epochenwandel der Menschheitsgeschichte.

MP

Marktwirtschaften beruhen auf dem Wettbewerb der Anbieter um die Gunst der Nachfrager. Arbeiter konkurrieren mit anderen Arbeitern um die Arbeitsplätze, Unternehmen mit anderen um Marktanteile. Doch kommt das Ergebnis der permanenten Anpassung der Marktkräfte an die Marktbedingungen letztlich den Verbrauchern zugute. Das dynamische Marktgetriebe funktioniert auf der Basis rational-legaler Prinzipien. Eine Marktwirtschaft erfordert das Bestehen einer Rechtsordnung als Rahmen für Zukunftsplanungen. Ein gemeinsames Rechnungsmittels (des Geldes) für die Bewertung von Tauschgütern ermöglicht einen fortwährenden Fluss von Transaktionen zum gegenseitigen Vorteil, d.i. eine hochspezialisierte arbeitsteilige *Gesellschaft,* d.i. die Kooperation. Darum ist die innere Widersprüchlichkeit der Marktwirtschaft neutralisiert. Märkte unterstützen eine Tendenz zur Erhaltung des Friedens, ohne die keine Kooperation denkbar ist. Die Märkte sind es, die letztlich auf dem Weg der Anerkennung von Rechten, die Gewalt verdrängen, die als Geburtshelfer des Kapitalismus zurecht angeprangert wird. Der Übergang zur liberalen Gesellschaft ist der epochale Wandel von der Gewalt zur Kooperation.

Fallbeispiele von Konflikten zwischen den Beziehungsmodellen

Die Beziehungsmodelle werden von den Menschen, die in komplexen Hochkulturen miteinander verkehren, unbewusst gewählt. Für eine hochentwickelte Gesellschaft ist es charakteristisch, dass die Wahl der Beziehungsmodelle ausgehandelt werden muss. Dabei kommt es zu Phänomenen, die wir als Konflikte zwischen den Beziehungsmodellen bezeichnen können.

AR contra CS: In traditionellen Familien übernahm die Mutter die Rolle des CS, der Vater die des AR. Zwischen den Eltern kommt es in diesem Setting zu Konflikten über die Angemessenheit der Modelle.

EM contra CS: Der Geschwisterneid, der gespeist ist aus der kritischen Wahrnehmung von Unterschieden, stößt sich am Interesse an familiärer Harmonie. Kinder weigern sich aus der Sicht des EM, bei häuslichen Tätigkeiten mitzuwirken, wenn dies damit verbunden ist, die Unordnung der Geschwister zu beheben, während die Eltern im gemeinsamen Abwasch die familiäre Gemeinschaft genießen möchten.

EM contra AR: Der ältere Bruder möchte der Schwester Hinweise geben, die ihre Erziehung betreffen (AR). Dies lässt die Schwester nicht zu (EM). Das heute propagierte Rollenverständnis des Lehrers als eines Lernbegleiters will EM an die Stelle des traditionellen AR setzen. Der moderne Feminismus kämpft für die Ersetzung der geschlechtsspezifischen Rollenskripte nach dem AR durch das EM. Frauen und Männer sollen sich als gleichwertige Partner erkennen. Eine Spielart des Feminismus möchte die Hierarchie umkehren, und ein männliches AR durch ein weibliches ersetzen. Das Streben nach Gleichberechtigung von Homosexuellen ist EM, ebenso die Aufhebung von Sklaverei, Rassendiskriminierung und Rassentrennung, die Gleichstellung der Glaubensgemeinschaften, die bürgerliche Revolution als Erhebung des Dritten Standes zum Bürgertum. Bei der Übertragung von EM auf Kinder und Tiere beobachten wir Übertreibungen des Egalismus.

CS contra MP: Ein radikaler Utilitarismus schreckt nicht zurück vor dem Handel mit Gütern, die im Rahmen kollektivistischer Beziehungsmodelle

Tabu sind: Menschen (Sklaven, Zwangsprostituierte), Drogen, Sex und Geheimdaten. Er schreckt nicht vor Landesverrat, Spionage, Steuerhinterziehung, Spekulationen gegen Landeswährungen, Kartellbildungen, Bestechungen, Monopolpreisbildungen und Kolonialkriegen zurück. Aus der Sicht der Stahlwirtschaft scheinen Schutzzölle gegen chinesische Importe zu staatlich gestützten Dumpingpreisen gerechtfertigt, aus der Sicht des MP (der Verbraucher) ist es vorteilhaft, auf sie zu verzichten und damit eine Umstrukturierung der nationalen Wirtschaftsbranchen zu induzieren. Marktwirtschaft strebt nach Globalisierung (freier Fluss von Waren, Kapital, Arbeit und Ideen). Nationalismus nach Autarkie (Beschränkungen für Migranten, Devisen, Waren). Rebellion gegen EU und Euro-Währungsverbund. Konservatismus vs. Progressismus.

AR contra MP: Die Entscheidungen und Planungen im Rahmen des Wirtschaftens können entweder dezentral von den einzelnen Marktteilnehmer getroffen werden oder zentral durch eine staatliche Behörde. Der Widerspruch zwischen Sozialismus und Kapitalismus ist der klassische Konflikt zwischen AR und MP.

EM contra MP: Nicht nur Geschwister kämpfen um Gleichberechtigung, auch Gruppen von Marktteilnehmern. Interventionismus lässt sich deuten als der Versuch, im Sinne von Nullsummenspielen Vorteile auf Kosten aller anderen zu erzielen, indem die eigene Gruppe die Einflussmacht des Staates (AR) gegen den Markt mobilisiert. Lobbyismus, Frauenquoten, Tarifkämpfe, Mindestlöhne, Gehaltsdeckelungen, bedingungsloses Grundeinkommen usw. sind Phänomene einer interventionistischen Gesellschaft, die sich als Ausfluss von Gleichstellungsbestrebungen deuten lassen. Sie sind nicht klar von merkantilistischen Bestrebungen zur Erreichung von Privilegien zu unterscheiden.

Politische Ideologien im Bezug zu den Beziehungsmodellen

Kommunismus in reiner Form ist dem CS verpflichtet. Praktische Versuche zu seiner Verwirklichung waren kleingemeinschaftliche Kommunen, etwa von Hippies oder israelischen Kibbuzim. Die scheiterten allesamt an sich selbst, weil sie entweder zu autoritären Strukturen übergingen oder sich in traditionelle Kleinfamilien auflösten. Der marxsche Kommunismus ist natürlich großgesellschaftlich gedacht. Marx schlug der Gewerkschaftsbewegung vor, statt für höhere Löhne für die Abschaffung des Lohnsystems zu kämpfen. Er wollte das leistungsbezogene Lohnsystem (MP) durch das Prinzip „Jeder nach seinen Bedürfnissen!" (CS) ersetzen. Praktische Versuche, Großgesellschaften in Großkommunen zu transformieren, finden sich in China, Kampuchea und Nordkorea. Sie basieren auf autoritären Machtstrukturen und versuchten eine Nivellierung der Gesellschaft durch Ausrottung der Eliten zu erreichen. Kommunistische und anarchistische Strategien in hochentwickelten Ländern sind konzeptlos. Die kommunistischen und anarchistischen Revolutionen Anfang des 20. Jahrhunderts nützten das Scheitern der Staaten in der Folge des Ersten Weltkriegs aus. Aus der Blüte hochentwickelter Gesellschaften lässt sich kein Übergang zum Kommunismus finden. Hier stehen nur Abwarten (Glaube an die Macht der Geschichte) oder Einreißen (Fundamentalopposition, Terror) zur Wahl.

Authority ranking finden wir in konservativ-nationalistischen und faschistischen sowie in leninistisch-maoistischen Bewegungen. Außerhalb des politischen Spektrums entwickeln sich AR-Modelle im Rahmen von kulturellen Avantgarde-Kreisen. Insbesondere Ende des 19. Jahrhunderts sprossen sie wie Pilze aus der Erde. Nihilismus, Symbolismus, Expressionismus, Surrealismus, Existenzialismus hatten immer auch einen Bezug zu Lebensreformbewegungen, zum Irrationalismus der neuheidnischen Strömungen oder liebäugelten als Salon-Bolschewismus und -anarchismus mit den entsprechenden politischen Kräften. Durch die katastrophalen Folgen, die sich aus dieser heterogenen, doch letztlich in totalitäre Staaten mündenden Strömungen ergaben, bildete sich in der zweiten Hälfte des 20. Jahrhunderts ein prononcierter Anti-Autoritarismus heraus. Heute halten sich politische Strömungen im Paradigma des AR in den extremen Flügeln der Linken und Rechten und erstarken wieder als Populismus. AR-affine politische Ideologien verwenden militärische Konzepte und formulieren heroische Moralvorstellungen.

In letzter Konsequenz muss permanent wiederholte Egalisierung zu einer vollständigen Nivellierung führen und damit zu CS. Doch besteht ein großer Unterschied, ob ein System auf einmal durch ein anderes ersetzt werden soll, wie sich dies Kommunisten oder Anarchisten erträumen, oder ob in einem sich fortwährend spontan verändernden System fallweise Angleichungen vorgenommen werden. Sozialreformerischer Egalitarismus hat als Hintergrundfolie, als emotionale Färbung das Ideal einer friedlichen und familiären Kommune, während er die materiellen Verhältnisse fortwährend reguliert, ohne den Impetus einer autoritären gewaltsamen Revolution zu entfalten. Die Interventionismuslehre Ludwig von Mises' hatte einen Sozialismus vom leninschen und deutschen Typ als Bedrohung vor Augen, eine autoritäre Despotie, die sich aus einer schrittweisen Eliminierung der Marktfreiheit logisch ergeben muss, wenn die Bereitschaft dazu besteht. Der Interventionismus bei Mises steht im Zusammenhang mit dem *Übergang zur Kriegswirtschaft*. Der gegenwärtige Interventionismus ist *Sozialreformismus*. Er zielt auf die Behebung von Ungerechtigkeit aus einer egalistischen Sicht, ohne die Marktwirtschaft als Paradigma in Frage zu stellen. Das Konzept der Sozialen Marktwirtschaft ist der Versuch, EM mit MP zu verbinden. Dass dies zur Einschränkung und Drosselung der Wirtschaftsdynamik führen muss, habe ich versucht in meinem Essay „Sklerose" darzulegen. Der Liberalismus kann sich mit dem Sozialreformismus durchaus anfreunden, indem er die Marktwirtschaft gegen zu weitgehende Eingriffe verteidigt, ohne den sozialen Charakter des Gesellschaftsmodells grundsätzlich in Frage zu stellen. Es geht hier um ein Mehr oder Weniger, nicht um ein Entweder – Oder.

Equality matching kann kein Modell für Gesellschaften sein. Gleichheit der materiellen und sozialen Bedingungen ist unmöglich. Es entfaltet sich nur innerhalb von Gesellschaften, die auf einem der drei anderen Modelle beruhen. Im Rahmen von kommunistischen Gemeinschaften erzeugt es Uneinigkeit. Es zersetzt sie. AR verbindet sich mit EM. Die fortwährende Rivalität unter Gleichrangigen zerstört Hierarchien nicht. Neid und Missgunst können als Motivationskräfte von Führungen eingesetzt werden. Teile und herrsche! In MP-Gesellschaften wirkt EM, wie gezeigt, als Prinzip regulatorischer Eingriffe.

MP ist das Kernelement des klassischen Liberalismus. Vielfach wird übersehen, dass sich der Liberalismus in Europa im Rahmen von autoritären Staaten herausgebildet hat. Marktwirtschaft setzt eine stabile Rechtsordnung voraus, und diese ein Gewaltmonopol. Daher können Marktwirtschaften sich auch bis zu einem bestimmten Niveau in autoritären Staaten entwickeln, wie z. B. in China oder der Türkei. Aber zur Entfaltung ihres Potenzials muss sich die unternehmerische Freiheit der Vielen in einem pluralistischen Rahmen bewegen. MP tendiert zur Demokratie. Die Abschaffung des staatlichen Fundaments würde MP zerstören. Unter den Bedingungen der zerstreuten Gewalt würden sich die Märkte zurückentwickeln.

Es liegt auf der Hand, dass die beiden ersten Beziehungsmodelle statische Verhältnisse, während Marktwirtschaften einen raschen gesellschaftlichen Wandel erzeugen. Daher finden sich Gesellschaften, die rein auf CS und AR basieren, nur in vormodernen Zeiten. Konservative Ideologien argumentieren im Sinne des CS oder AR, progressive Ideologien im Sinne des EM (Sozialreformismus) oder des MP (Liberalismus).

Heteronome und autonome Moral

Mises beleuchtete den Kollektivismus als mit dem Liberalismus konkurrierende Ideologien vor allem am Beispiel des Sozialismus. Der Liberalismus vertritt einen moralischen Utilitarismus auf der Grundlage eines methodischen Individualismus: Selbstbestimmtes Handeln folgt eigenen bewussten Werturteilen und Zielen, um den persönlichen Nutzen zu mehren. In moralphilosophischer Sicht sind Handlungsmaximen, die diesem Rahmen entsprechen, *autonom*, also individuell selbstbestimmt. Dagegen sind kollektive Moralsysteme aus der Sicht des Individuums Vorgaben von außen und werden *heteronom* genannt. Die rationalistische Sichtweise des Praxeologen muss heteronome Morallehren negativ beurteilen, lassen sie sich doch nicht mit dem liberalen Wert der Selbstbestimmung vereinbaren. Sie sind ihrem Wesen nach nicht Produkte einer moralischen Vernunft, die allein vernunftbegabten Individuen zu eigen ist, sondern vorgefundene Tatsachen, die von einem kollektiven Sachwalter, einem politischen Führer, einem betrieblichen Meister, einem Kleriker oder einer herrschenden Partei definiert werden. Das historische Beispiel des Sozialismus desavouiert aus der Sicht des Liberalen heteronome Moral und Kollektivismus.

Aus Sicht der Theorie der Vier Beziehungsmodelle kann der Kollektivismus aber nicht mit Sozialismus gleichgesetzt werden. Dieser ist nur eine besonders perverse und inhumane Ausprägung eines viel breiter angelegten Phänomens menschlicher Seinsbedingungen. Sozialismus ist eine Gesellschaftsform nach dem Modell des AR, bei dem das MP unterdrückt wird und bei dem CS und EM vorgetäuscht werden.

Der Psychologe findet in den Vier elementaren Beziehungsmodellen mögliche Antworten auf die Frage nach den irrationalen Gründen des menschlichen Handelns. Solche, die sich nicht auf utilitaristisch deutbare Ziele beziehen, also nicht auf einen persönlichen Nutzen, sondern auf die Herstellung einer Beziehung nach den drei ersten Modellen, können als irrational bezeichnet werden. Utilitaristischer Nutzen im Rahmen des MP ist ein wirtschaftlicher oder ein gesellschaftlicher Vorteil eines einzelnen Spielers. Irrationale Ziele sollen nicht nützlich, sondern *sinnvoll* sein, d.i. eine gute Ordnung bewahren oder einrichten, Unordnung beseitigen. Bei CS geht es um die ständige Erneuerung der Gemeinschaft und das Dazugehören, bei AR um die hierarchische Ordnung, beim EM um Egalisierung und Selbstbehauptung im Vergleich mit anderen. Diese „Handlungsziele" werden selbst dann angestrebt, wenn aus utilitaristischer Sicht Nachteile entstehen. In praxeologischer Sicht können „Sinngewinne" utilitaristische „Kosten" kompensieren. Sinngewinne lassen sich mit Nutzen nicht in eine gemeinsame Rangordnung stellen. Moralische Maximen sind Imperative. Wir können nicht zwischen zwei moralischen Maximen wählen wie zwischen Vanille- und Schokoladeneis. Uns erscheint es nicht sinnlos, wenn ein Mensch zur Behandlung eines geliebten Partners all sein Vermögen verbraucht. Es ist kategorisch notwendig. Er tut dies aus Liebe, doch in wirtschaftlicher Hinsicht bedeutet es Totalverlust. In utilitaristischer Hinsicht wäre es vorteilhafter, sich einen neuen Partner zu suchen. Die Liebe aber sagt: Es ist, wie es ist.

Mitglieder von Gemeinschaften des Typs CS und AR bewerten die inhärenten Moralprinzipien der Gruppe nicht als heteronom. Die Kritik des Rationalismus greift hier nicht. Umgekehrt wird ein radikaler Utilitarismus aus ihrer Sicht als unmoralisch angegriffen. Ich komme auf diesen Punkt unten zurück.

Bindung an andere Menschen und an Gemeinschaften ist ein natürliches Bedürfnis jedes Gesunden. Uns erscheinen Menschen, die Bindungsängste haben, als beeinträchtigt, Bindungsunfähige als behindert. Der Typ des einsamen Existenzialisten, Albert Camus z.B., drückt die missliche Lage der von religiösen Glauben abgefallenen Nihilisten aus, deren selbstzerstörerischer Lebensstil zur Suizidgefährdung führt. Unzählige Romane und Filme enden dagegen mit einem Happy End, wenn die Figuren zuletzt eine Bindung eingehen. Bindung und Gemeinschaft erscheinen uns als die

Einrichtung, die unserem Leben einen Sinn verleiht. Die irrationalen Ziele sind die sinnstiftenden. Dagegen erscheinen die utilitaristischen Ziele nur als Mittel zum Zweck eines angenehmeren Lebens, dessen Sinn aber nicht in ihnen selbst gefunden wird.

Einige Schlussfolgerungen für den modernen Liberalismus

Die eingehenden Untersuchungen der Handlungstheorie im Spiegel der Beziehungsmodelle führen unser Denken weiter zum besseren Verständnis der Gegenwart. Die kollektiven Beziehungsmodelle beschränken sich nicht auf Kleingemeinschaften, sie finden einen Ort in der Großgesellschaft.

Zunehmende Komplexität

Moderne komplexe Gesellschaften schließen die älteren Beziehungsmodelle in sich ein. (Von Gesellschaft sprechen wir, wenn Menschen, die sich nicht unmittelbar kennen, in Beziehung zueinander treten und soziale Einheiten bilden, z.B. einen Nationalstaat.) Sie sind Systeme von Gemeinschaften (Gruppen), wobei die Individuen mehreren Gruppen zugleich angehören. Die Struktur ist folglich keine lineare Ordnung, sondern ein in sich widersprüchliches Ineinander und Durcheinander von Gruppenbeziehungen. Solche Strukturen brauchen rational-legale Prinzipien, also Geld und Rechte. Sie sind paradigmatisch am rational-legalen MP orientiert, doch kann dies nicht bedeuten, MP zum Monopolmodell durchzusetzen. Anarchokapitalismus und marktradikaler Libertarismus sind diesem Ziel verpflichtet. Diese Ideologien wollen das politische Subsystem so klein wie möglich schrumpfen, quasi die Politik abschaffen, und im Falle des Anarchismus Staat und Rechtsordnung ganz beseitigen. Er verkennt, dass Gewaltmonopol und Rechtsordnung integraler Bestandteil des rechtlich-legalen MP-Modells sind. Die Konsequenz wäre ein Rückfall in die Logik des EM (letztlich jedoch in das AR, also in eine Refeudalisierung). EM aber ist extrem konfliktträchtig. Vergeltung im Guten wie im Schlechten schließt Pattsituationen wie im Gefangenendilemma mit ein. Pinker untersuchte die Ursachen der Gewalt in vormodernen Gesellschaften. Eine sehr einfache Ursache fand er im Hobbes'schen Dilemma. Wenn keine höhere Macht (Staat) die Einzelnen vor Gewalt schützt, ist es vorteilhaft, zuerst zuzuschlagen. Der Überraschungsangriff bietet strategische Vorteile. Das wissen aber alle und daher vermehren sich die Gewaltübergriffe aus einer rein defensiven Absicht. Darin liegt die befriedende Kraft des Gewaltmonopols selbst bei einer Willkürherrschaft. Es hält die vielen Warlords (Landadligen) in Schach.

Zurecht empfinden wir die Vorstellung einer reinen Marktwirtschaft als sinnlos, kalt und unmenschlich. Das Streben nach materiellen Gütern, so zentral auch die Verbesserung der Lebensstandards für die Erhaltung von friedlichen und freiheitlichen Verhältnissen ist, ist nur ein Mittel zum Zweck eines glücklichen Lebens. Ein moderner Liberalismus hat ein angemessenes und stimmiges Miteinander und Ineinander der vier elementaren Modelle im Auge. Invasionen des einen in das Terrain des anderen Modells können Fortschritte bedeuten. So werten Liberale die Gleichberechtigung der Geschlechter, die Aufhebung der Rassendiskriminierung und ähnliches positiv, allesamt konfliktreiche Übergänge von Beziehungen nach dem AR zum EM-Modell. Doch kann eine Stärkung kollektivistischer Gesichtspunkte auch zu einer Schwächung der Marktfreiheit und letztlich zu einer Sklerotisierung der Wirtschaft führen. Dies wäre der Fall, wenn Gleichmacherei die unternehmerische Freiheit außer Kraft setzt, also EM gegen MP gesetzt wird. Es kommt wie immer auf den konkreten Fall an.

Die Kunst der Politik besteht darin, zum Gelingen einer Kultur beizutragen, die das Zusammenspiel der vier elementaren Beziehungsmodelle in einer freien marktwirtschaftlichen Gesellschaftsordnung proportional in einer Weise aufeinander abstimmt, dass die Freiheit des Einzelnen die größtmögliche Freiheit der anderen zulässt und den Wohlstand aller zu mehren.

Globalisierung

Wie gezeigt wurde, ist das vierte Beziehungsmodell progressiv. Marktbeziehungen sind möglich zwischen Menschen, die unterschiedlichen Gemeinschaften angehören und daher unterschiedliche Ideologien oder Glaubensüberzeugungen angehören, die unterschiedlicher Herkunft, Rasse oder Geschlecht sind. Das Modell des MP erzeugt eine Expansion von Beziehungen rund um den Globus. Wir leben heute in einer Zeit, die darum Globalisierung genannt wird, weil der Welthandel alle Menschen zu einem zusammenhängenden Beziehungssystem vereint hat. Mobilität von Dingen, Menschen und Informationen verknüpfen alle mit allen. In einem simplen Ding wie dem Bleistift vereinen sich Vorprodukte und Rohstoffe aus vielen Ländern rund um den Globus.

Der Expansionismus des MP, der historisch mit der Neuzeit anhebt, bettet Kleingemeinschaften, die nach den elementaren Modellen des CS, AR und EM funktionieren, in Großgesellschaften ein, die rational-legal funktionieren. MP ist ein System, in dem geldbasierte wirtschaftliche Beziehungen in einem rechtlichen Ordnungsrahmen stattfinden, der Nationalstaaten mit Gewaltmonopolen voraussetzt. Doch treibt der Markt über den Nationalstaat hinaus. Nationale Unternehmen verbreiten sich in vielen Ländern, Handelsbeziehungen werden durch internationales Recht globalisiert und globalisieren die elementaren Menschenrechte.

Die Nationen sind schon zivilisatorische Institutionen, keine natürlichen Lebensgemeinschaften. Sie beruhen auf der Übertragung des Prinzips der kleingemeinschaftlichen Zugehörigkeit auf einen Territorialstaat. Grenzen behindern Märkte. Die Zahl der Nationen nahm daher in Europa seit den letzten 500 Jahren von ursprünglich 5000 auf derzeit etwa 50 ab. Der Ordnungsrahmen, innerhalb dessen die Marktwirtschaft rechtlich und sicherheitspolitisch abgesichert wurde, wurde stetig erweitert. Doch treibt die expansionistische Entwicklung des MP über den Nationalstaat hinaus zur Bildung von Staatenkonföderationen, wie den USA, der EU oder Russland, das einen imperialen Charakter hat. Die Alternative ist Imperialismus, also die Hegemonie eines Nationalstaates über andere, oder internationale Integration mehrerer Staaten. Der bessere Weg ist aus liberaler Sicht die internationale Integration auf der Grundlage des MP-Modells, also Kosmo-Liberalismus.

Offene Zukunftsfragen

Es ist eine offene Frage eines modernen Kosmo-Liberalismus, ob sich jenseits der Ära der Nationalstaaten wieder kleinere Gesellschaften als Rechtsräume ausbilden, die untereinander nicht antagonistisch konkurrieren wie ehedem Nationalstaaten, sondern im Sinne eines Wettbewerbs um Zuwanderung durch die Attraktivität ihres Gesellschaftsmodells. In keinem Fall dürfen die Grundlagen der modernen MP-Gesellschaft zerstört werden: eine verbindliche und durchsetzbare Rechtsordnung in einem definierten Gebiet mit Gewaltmonopol, das demokratisch kontrolliert wird. Denkbar sind Koalitionen von kleineren Gesellschaften im Rahmen von

Supra-Gewaltmonopolen. Jedenfalls erfordern die Sicherheitsbedürfnisse in heutiger Zeit militärische Großbündnisse, so lange sich die Prinzipien der liberalen Demokratie noch nicht weltweit durchgesetzt haben. Die Nato ist Teil eines weltweiten Bündnissystems, in dessen Zentrum die USA als die liberale Großmacht steht. Das mag problematisch sein, doch ist in naher Sicht keine Alternative realistisch.

Die abschottenden Grenzen des herkömmlichen Nationalstaates müssen immer durchlässiger werden, um den Fluss von Menschen, Waren, Kapital und Ideen zu erleichtern. Dafür braucht es neue Lösungen für die Gestaltung der Solidargemeinschaften (Rente, Krankenversicherung usw.). Denkbar sind Kooperationen von Großunternehmen oder entwickelten Staaten mit unterentwickelten Nationen im Sinne von Sonderwirtschaftszonen. Die Rolle der internationalen Organisationen, sowohl der staatlichen wie der zivilgesellschaftlichen, wird an Gewicht zunehmen. Die Einbindung der NGOs, die längst globalisiert handeln, in den Mechanismus der öffentlichen Kontrolle muss neu entwickelt werden.

Die Erweiterung der Praxeologie zu einer wahrhaft allgemeinen Theorie des Handelns

von Maximilian Tarrach

Die Schwächen der Mises'schen praxeologischen Erklärungskraft

Die Praxeologie nach Mises ist zwar interdisziplinär angelegt und gedacht, jedoch führt nur wenig Fruchtbares in ihrer Konstruktion zu einer Theorie über soziale, gesellschaftliche und politische Phänomene. Dies hängt mit ihrer Erklärung des Handelns als Ausdruck von Unbefriedigtsein zusammen. Denn nur ein Individuum kann im Denken *als Individuum* Unbefriedigtsein empfinden und abstellen. Auch kann es nur *für sich* Unbefriedigtsein abstellen, d.h. es ist immer und ausnahmslos egoistisch und einzeln gedacht. Mises betont zwar an einigen Stellen seines Werkes, dass der Mensch ein Zoon politikon sei, dass er in Gemeinschaft zur Welt komme und die Gemeinschaft daher für ihn ein Datum im Handeln darstelle, aber über diese Rolle hinaus, spielt die Gesellschaft, nehmen die Normen und

Beziehungen für den Einzelnen im Mises'schen Modell nur den Charakter von Kosten an. Doch sind soziale Bindungen nur Kosten zum Abstellen eines egoistischen Unbefriedigtseins? Verhalte ich mir nur moralisch, um der Sanktionsmacht der Gemeinschaft zu entgehen? Gehe ich nur Bindungen ein, um eigentlich davon unabhängige Zwecke zu verfolgen? Die Praxeologie muss konsequent gedacht mit diesem Ansatz bei einer Sozialdystopie einer Ayn Rand ankommen, in der Altruismus vollständig verschwunden ist und nur noch egoistisches Handeln präsent bleibt. Der Einzelne denkt nur in der Grammatik des Egos und des individuellen Gewinns, der Kehrseite des Unbefriedigtseins. Hiermit steht die Praxeologie der Rational-Choice-Theorie nahe, welche zwar später entstand und nicht direkt von Mises beeinflusst scheint, doch trotzdem zu denselben Ergebnissen tendiert. Dagegen bestehen in der Soziologie und der Moralpsychologie andere Menschenbilder und Annahmen, welche zu anderen Ergebnissen führen. Der Homo sociologicus ist ein Beispiel, bei dem davon ausgegangen wird, dass der Mensch sich nach Normen und Werten verhält und zwar unabhängig davon, ob er sie wirklich individuell gewinnbringend einschätzt oder nicht. Der Mensch will sich hier intrinsisch gesellschaftlich verhalten. Wie passt das mit dem Anspruch der Praxeologie zusammen, tautologisch umfassend das Wissen um das Wesen des Handelns erfasst zu haben? Dieser Zielkonflikt findet sich in den Sozialwissenschaften bereits als Kontrast zwischen Befürwortern und Gegnern des Homo oeconomicus und des Homo sociologicus.

Der Moralpsychologe Alan Fiske legt darüber hinaus ein durch umfassende Studien belegtes Beziehungsmodell vor, welches gleich vier Arten menschlicher Beziehungen konstatiert:

1.   Communal Sharing
2.   Authority Ranking
3.   Equality Matching
4.   Market Pricing

Es ist natürlich leicht erkennbar, dass das Beziehungsmodell des Market Pricing bei Fiske mit Mises' Praxeologie zu harmonieren scheint. Dort wird Unbefriedigtsein abgestellt, wird nach individuellem Gewinn gehandelt, ob nun materiell oder ideell. Doch die Praxeologie hat erstaunlich wenig zu den anderen Beziehungen menschlichen Seins und ihrer Entstehung zu verkünden. Wie Helmut Krebs in einem Beitrag zeigen kann, macht das

Deuten von Beziehungen des Communal Sharing und des Authority Ranking aus einer egoistischen Perspektive wenig Sinn. Welchen Nutzen stiftet mir die Selbstaufgabe für eine Freundschaft, welche voraussichtlich nicht reziprok erwidert wird? Als Oskar Schindler tausend Juden vor der Gaskammer rettete, tat er es wirklich für seinen individuellen Gewinn? Welches Unbefriedigtsein für sich stellte er ab? Aus individueller Perspektive scheint es grotesk, in dieses Handeln ein Gewinnmotiv hineindeuten zu wollen. Wollte er vielleicht auf die Anerkennung nach dem Krieg hinaus? Wollte er ein reines Gewissen haben? Warum haben wir ein Gewissen, wenn unser Handeln doch nur auf Unbefriedigtsein meines Ichs aus ist?

In all diesen Aspekten und Perspektiven liegen die Schwächen der Praxeologie offen zu Tage. In dieser Interpretation wird damit Rothbard, wenn auch aus anderen Gründen, zugestimmt, dass der praxeologische Handlungsbegriff, wie er von Mises konzipiert war, sich nicht zur Untersuchung von anderen Gebieten als der Katallaktik eignet. Selbst dort bleiben viele Fragen offen, bspw. wie es zu erklären ist, dass es Unternehmern schwer fallen kann, einen Mitarbeiter zu entlassen, welcher zwar die Rolle des Mitarbeiters miserabel ausgeführt hat, jedoch als Mensch ein guter Freund und Wegbegleiter geworden ist. Warum Menschen diesen Zielkonflikt überhaupt empfinden können, kann aus der praxeologischen Handlungstheorie heraus nicht erklärt werden.

Die Erweiterung des Handlungsbegriffs

Versuchen wir nun daher die Praxeologie zu einer wahrhaft umfassenden Handlungstheorie umzugestalten. Für dieses Unterfangen muss das Abstellen von Unbefriedigtsein als einziges Motiv des Handelns fallen gelassen werden. Doch dieser Verlust wird durch eine folgenreiche und augenöffnende Erweiterung der Erkenntnis mehr als ausgeglichen, denn die Motive des Handelns werden damit keineswegs der Beliebigkeit preis gegeben. Setzen wir bei Fiskes Beziehungsmodell an, um diese Erweiterung vorzunehmen.

Das Communal Sharing lässt uns darauf schließen, dass Gemeinschaftsbeziehungen, welche auf dem Prinzip des Teilens basieren, Wert an sich selbst besitzen. Sie werden im Handeln zu Selbstzwecken erhoben, welche nicht auf individuellen Gewinn zurück referiert werden müssen. Der Zweck der Gemeinschaft wird zum Zweck des Individuums. Dass man mit seiner Familie zusammen ist, hat damit Zweck an sich selbst. Doch was genau ist es, worauf wir dabei aus sind? Was wir im Modell des Communal Sharing wollen, sind Nähebeziehungen. Diese aufzubauen, zu verdichten und aufrechtzuerhalten hat für Menschen Zweck an sich selbst. Nur auf diese Weise sind Freundschaften, Familien, Bekanntschaften und jede Form engerer Gemeinschaften wie Vereine, Religionen etc. erklärbar. Damit hätten wir ein Motiv menschlichen Handelns dazugewonnen. Das Aufbauen, Erhalten und Verdichten von *Nähebeziehungen*.

Das zweite Modell des Authority Ranking von Alan Fiske zeigt uns einen zweiten Aspekt des Handelns auf. Menschen spielen unentwegt soziales Schach. Sie werten und ordnen Menschen, so wie sie Güter reihen und werten. Der eine Mensch steht in diesem Denken über oder unter einem anderen, ganze Gruppen werden gewertet, das eigene Ich wird stetig in Beziehung zu anderen gesetzt und kann sich der Reihung niemals ganz entziehen. Nur durch dieses Motiv des Reihens und Ordnens von Menschen lässt sich die hohe Beliebtheit von Reihungen, von Gewinnerlisten, von Wettbewerben und dem berühmten „Mitarbeiter des Monats" erklären. Menschen schätzen *Reihebeziehungen* an sich, sie dienen keinem anderem Zweck.

Das dritte Motiv des Handelns hat egalisierenden Charakter. Das Equality Matching beschreibt Beziehungen, welche auf einen langfristigen Ausgleich aufgebaut sind (*Gleichheitsbeziehungen*). Für uns spielt nur das Motiv der Gleichheit eine Rolle. Für Menschen erscheint es nicht sinnlos, Handlungen zu denken, die rein auf Ausgleich statt auf Gewinn aus sind. Man kann dieses Motiv negativ bewertend als Neid oder positiv besetzend als Erhebung des Ichs werten. Sklaven wollen ihren Herren gleichgestellt sein, Frauen ihren Männern, Kinder den Erwachsenen, Geschwister einander. Die Beispiele sind endlos. Damit wird auch die Gleichheit als Motiv zu einem Datum und unhintergehbaren Zweck des Handelns.

Die letzte Beziehungsart, welche Fiske nennt, ist das Market Pricing. Es bildet sich auf reziprokem Gewinn. Dies ist das Handeln aus Unbefriedigtsein, aus *Gewinnmotiv*, welches wir schon kennenlernten.

Bei der Bearbeitung dieser Motive fiel mir noch ein weiterer Aspekt des Handelns auf, welcher bei Fiske nicht auftauchen kann, da Fiske Beziehungsmodelle erforschen und erklären möchte und nicht individuelles auf eine Sache bezogenes Handeln. Es gibt aber noch ein weiteres Motiv des Individuums, welches sich schlecht in das Unbefriedigtsein hineindeuten lässt. Es ist das Handeln unter Unsicherheit, nur um der Neuheit der Erfahrung willen. Man kennt dieses *explorative Handeln* hauptsächlich von Kindern, welche nur etwas ausprobieren wollen oder berühren wollen, weil sie es noch nie berührten. Unbefriedigtsein kann ich nur abstellen, wenn ich weiß, was mich erwartet, wenn ich überhaupt Erwartungen darüber anstellen kann, warum mir das Handeln eine bessere Lage verschaffen sollte als ohne sein Dazugeben vorhanden ist. Beim explorativen Handeln ist diese Gegebenheit allerdings noch nicht klar und es bezieht genau aus diesem Aspekt seine Eigenheit und seinen Reiz: z.B. wenn Menschen Rauschgifte ausprobieren, nicht weil sie erwarten, dass es sich gut anfühlt, sondern einfach weil sie es ausprobieren möchten. Sie können gar nicht wissen, wie es sich anfühlt. Vielleicht gefällt es ihnen, vielleicht auch nicht. Das Handeln aus Unbefriedigtsein beginnt erst, nachdem das explorative Handeln abgeschlossen ist. Aus dem explorativen Handeln lässt sich auch das Erkenntnisstreben des Menschen erklären. Das neue Wissen gibt keinen Nutzen ab, es befriedigt den Drang nach der Neuheit, nach der Unsicherheit an sich. Der Wissenschaftler möchte nicht wissen, wo seine intellektuelle Reise ihn hinführen wird. Wüsste er es bereits, würde er nicht handeln. Der Reiz liegt für ihn in der erhofften Klarheit darüber, wie die Dinge stehen, wie die Welt beschaffen ist, in der Überwindung der Unsicherheit. Während also die Unsicherheit beim Handeln aus Unbefriedigtsein zum größten Widersacher der Erreichung eines besseren Zustandes wird, stellt die Unsicherheit beim explorativen Handeln seine Bedingung und Daseinsberechtigung dar.

Die fünf Motive des Handeln wären demnach:

1. Erreichung, Verdichtung und Aufrechterhaltung von Nähe- und Wärmebeziehungen
2. Aufstellen von Reihungen zwischen Menschen, Selbsteinordnung
3. Erreichen und Erhalten von Gleichheit (zu anderen Menschen)
4. Abstellen von Unbefriedigtsein/Erreichen von Gewinn
5. Eingehen von Risiko/Handeln um der Unsicherheit willen

58

Die Fundierung des neuen Begriffs

Zur Fundierung des neuen Handlungsbegriffs müssen wir etwas zurücktreten und die Termini neu sortieren. Ludwig von Mises schlug eine Ableitung des Handlungsbegriffs durch Eigenschaften des Handelns vor. Diese Vorgehensweise diente sich seinem Zweck an, da er nur ein Motiv des Handelns annahm und damit eine sehr viel weniger verzweigte und ausdifferenzierte Handlungstheorie vorlegte. Hier nun aber muss eine allgemeinere Abgrenzung von Handeln zu reinem Verhalten aufgestellt werden, um dann das Handeln konkreter auszugestalten. Deshalb greifen wir an dieser Stelle auf die Sinnunterscheidung Max Webers zurück. Handeln ist nach Weber menschliches Verhalten, dem einen Sinn zugeordnet werden kann. Damit muss Handeln immer eine geistige und damit sinnvolle, rationale Komponente besitzen. Jetzt fanden wir allerdings heraus, dass Handeln aus fünf Perspektiven heraus sinnvoll und rational sein kann. Wenn dem Menschen Handeln als sinnvoll und rational vorkommt, erhebt Mises solches Denken zum tautologisch sinnvollen. Wenn wir nun noch an die Kongenialität und Homogenität von Denken und Handeln zurückdenken, wird offensichtlich, dass mit den fünf abgeleiteten Motiven des Handelns auch fünf Grammatiken oder Denkschemata einher gehen müssen, welche das Handeln vorwegnehmen und begleiten. Uns könnte Handeln, welches auf Gemeinschaft aus ist, nicht als sinnvoll erscheinen, wenn wir keine eigene geistige Grammatik oder kein geistiges Schemata zur Verfügung hätten, solches Handeln als Gemeinschaftshandeln zu kategorisieren und ihm seine eigentümlichen Bedingungen aufzuerlegen, dass bspw. Nähe und Teilen dem Aufbau und der Erhaltung von Nähebeziehungen förderlich sind, dass das gegenseitige Dienste-erbringen getan wird, ohne am Ende abzurechnen, dass Vertrauen nicht missbraucht und Versprechen nicht gebrochen werden dürfen, dass Nähe auch immer Tabus kennen muss und vieles weitere mehr. Damit gehen also den Handlungsmotiven folgende fünf Grammatiken voraus:

Grammatik 1: Nähe und Wärme (CS)
Denken in dieser Grammatik bedeutet:
- Berührungen sind wichtig (Nähe im wörtlichen Sinn)
- Verbundenheit ist wichtig (Nähe im geistigen Sinn)

- Teilen von Leid und Freude (gewinnen und verlieren)
- Vertrauen als Währung
- Achtung von Tabus

Grammatik 2: Reihen von Menschen (AR)

Denken in dieser Grammatik bedeutet:

- Es wird ordinal gereiht (keine Kardinalbeziehungen möglich)
- Jeder erhält einen Platz im Gefüge
- Eine Veränderung der Position stört die Reihung
- Denken kommt erst dann zu einem Ende, wenn wieder jedem Menschen eine klare Position zugeteilt werden kann
- Eine gefühlte Unter- oder Überbewertung des Ichs wirkt handlungsleitend, man erstrebt eine Position, die der eigenen Einschätzung nach die richtige darstellt
- Übergeordnete werden als Autoritäten akzeptiert
- Gesellschaftliche Position als Währung

Grammatik 3: Gleichheit (EM)

Denken in dieser Grammatik bedeutet:

- Rangunterschiede werden nicht akzeptiert
- Selbst wenn es Kosten bedeutet, wird Gleichheit als Ziel gesetzt
- Das Ich soll gleichgestellt werden, oder eine Gruppe mit der ich mich solidarisieren kann
- Gleichheit als Währung

Grammatik 4: Freiheit/Gewinn (MP)

Denken in dieser Grammatik bedeutet:

- Unbefriedigtsein des Ichs soll abgestellt werden, es soll Gewinn entstehen
- Es kann nur abgestellt werden, wenn die Erwartung gegeben ist, dass mein Handeln meinen Zustand verbessern kann, sonst trotz Unbefriedigtsein kein Handeln
- Dauernder Mangel: Nach der Befriedigung des einen, tritt im Prinzip das nächste Unbefriedigtsein auf, nur wenige Phasen (Schlaf, Ruhephase) in denen nicht direkt neues Unbefriedigtsein entsteht.
- Geld oder Tauschmittel als Währung

Grammatik 5: Explorativ/Unsicherheit

Denken in dieser Grammatik bedeutet:

- Unsicherheit über das konkrete Ziel muss gegeben sein
- Das Ziel wird ohne Wissen um dessen Nutzen erstrebt
- Kann dem zukünftigen Gewinnhandeln vorgeschaltet sein
- Geht vom Individuum aus
- Die Unsicherheit, das Neue, das Gewagte als Währung

Die Denkgrammatiken sind dabei theorieimmanent trennschärfer und klarer von einander abzugrenzen als die Motive und die dazugehörigen Handlungen. Denn ein Handeln aus dem Gesellschaftsmotiv heraus muss immer typisierend bleiben, während hingegen das Denkschemata der Nähebeziehung ganz eindeutig und klar ist. In der Realität muss darüber hinaus beachtet werden, dass die fünf Schemata oder auch Prinzipien des Denkens niemals rein zum Ausdruck gebracht werden können. Vielmehr stehen sie in unentrinnbarer Konkurrenz und Interdependenz. Diene ich meinem Freund und komme danach zu spät zur Arbeit, meldet sich das Gewinn-Ego und beschwert sich über den Verlust. Mache ich zwar viel Gewinn für mich selbst, doch vernachlässige ich meine Familie dabei, meldet sich das Nähebedürfnis und beschwert sich über die Vernachlässigung. So gut wie alle inner-menschlichen als auch zwischen-menschlichen Konflikte lassen sich damit auf die Konkurrenz der fünf Handlungsmotive und Denkschemata zurückführen. Deshalb wird der Erfassung dieses verzweigten Handlungsbegriffs eine große Forschungsmöglichkeit sozialer Phänomene attestiert.

Dabei kann diese Grundlegung zur Handlungstheorie noch beliebig erweitert werden, bspw. um die in der Soziologie weit fortgeschrittene Theorie über Rollen und Normen als Begriffe des Handelns. Das Bilden von Hierarchien und Reihungen, welches meist mit Gemeinschaftssinn einhergeht, wird fast ausnahmslos durch Rollenerwartungen, Normen und Werte strukturiert. Da Menschen nun einmal einen freien Willen besitzen und ein drängendes Ich nach Freiheit, kann der Mensch nur durch Erwartungen von anderen oder von sich selbst zu vorgefertigtem Handeln gebracht werden. Durch die Erwartung, dass mir mein Gegenüber die Hand zur Begrüßung reicht, wird das Bilden von Gemeinschaft eingerahmt, wird es für alle Teilnehmer sicherer und vorhersehbarer, worauf sich verlassen werden kann. Denn Vertrauen bildet, wie oben gezeigt, die Währung von Nähebeziehungen. Rollenerwartungen lassen sich somit immer auf Normen und diese wiederum auf Werte zurückführen. Alle Werte wiederum lassen sich auf eine der fünf Metawerte oder Metazwecke der Handlungen reduzieren. Das Recht auf freie Meinungsäußerung bspw. referiert klar und eindeutig auf das Handeln aus Freiheit. Die Ehre oder Würde eines Menschen wiederum bezieht sich auf die Tabus von Nähebeziehungen. Wobei auch hier die Verschränkung und Überlappung verschiedener Motive die Realität menschlicher Werte reichlich komplex macht.

Schlussbetrachtung

Es sollte klar geworden sein, dass Mises' Praxeologie bei realistischer Einschätzung lediglich eine verbesserte und klarere Theorie des Homo Oeconomicus ist, welche das Problem der Rationalität und Subjektivität der egoistischen Handlungen löst. Man könnte es auch eine Rational Choice Theorie mit bounded rationality als Bedingung bezeichnen. Aber zur umfassenden Erklärung sozialer Phänomene dürfen die anderen Schemata, welche für den Menschen handlungsleitend sind, nicht außer Acht gelassen werden. Mises selbst war gefangen in einer aus seiner Zeit heraus verständlichen Abneigung gegenüber heteronomer Moral und Gesellschaftsbindung als Zweck an sich selbst. Doch darf wertfreie Wissenschaft nicht nur die Theorien entwickeln, die dem eigenen Weltbild entsprechen. Eher sollte das Weltbild durch widersprechende Fakten angepasst werden.

Literatur

Mises, Ludwig von (1940): *Nationalökonomie: Theorie des Handelns und Wirtschaftens*, Genf, 1940.
Mises, Ludwig von (1949): *Human Action.* Freie Übersetzung von Helmut Krebs, abrufbar unter:
http://menschliches-handeln.de/trans/160 226_Das%20Handeln%20des %20Menschen_17x24.pdf (zuletzt überprüft am: 06.06.2016).
Rothbard, Murray N. (1978): *Ethics of Liberty.* New York, 1998.
Weber, M., (1922): *Wirtschaft und Gesellschaft. Grundriss der verstehenden Soziologie*, Tübingen, 1977.

Die innere Widersprüchlichkeit der Minimalstaatsidee, Teil 1

von Helmut Krebs

Der Begriff

Unter einem Minimalstaat versteht der klassische Liberalismus die Beschränkung des Staates auf die Aufgabe, die Sicherheit der Bürger nach innen und außen zu schützen. Er besitzt das Gewaltmonopol, eine Rechtsordnung, eine Verwaltung und die nötigen Organe wie Polizei, Armee, Gerichte, Strafvollzug und dergleichen.

Damit ist gesagt, dass der Staat weitere Aufgaben nicht ausführt. Darunter fallen alle sozialpolitischen, infrastrukturellen und wirtschaftspolitischen Aufgaben wie zum Beispiel das Schulwesen, der Straßenbau und die Förderung von Industriezweigen. Es gibt im reinen Minimalstaatsmodell keine gesetzlichen Sozialversicherungen, nur private Schulen und Hochschulen, private Forschung, keinen Verbraucherschutz, keinen Umweltschutz, selbstverständlich keinen Schutz für gewerkschaftliche Gewalt (Streiks), kein Kartellverbot und keine Marktzugangsbeschränkungen (Zölle, Zünfte usw.).

Allerdings müssen die Sicherheitsorgane unterhalten und verwaltet werden. Die Rechtsordnung braucht z.B. ein Melderegister der Einwohner. Die Gesetze müssen erlassen und veröffentlicht werden. Dazu ist eine legislative Einrichtung nötig. Um diese und verwandte Aufgaben zu bewältigen, müssen finanzielle Mittel (Abgaben) erhoben werden, die ihrerseits eine Verwaltung erfordern. Der Minimalstaat erhebt Steuern.

Der Zweck des Minimalstaates ist die Garantie eines unbeeinflussten freien Marktes. In einem freien, unbehinderten und unbeeinflussten Markt erzeugen die Marktkräfte (Angebot und Nachfrage) eine optimale Allokation des Kapitals (Einsatz der sachlichen, monetären und humanen Produktionsfaktoren in den Industriezweigen) entsprechend den tatsächlichen Bedürfnissen der Verbraucher. Es herrscht eine wahre Marktdemokratie. Unternehmerisches Handeln ist sozial. Es kann nur dann erfolgreich sein, wenn es die Nachfrage befriedigt. Es dient den Verbrauchern. Die punktgenau Ausrichtung der Kapitalströme an den Verbraucherbedürfnissen bildet eine Preisstruktur, die die Bedürfnisstruktur widerspiegelt. Was stark nachgefragt wird, ist tendenziell teurer als das, was schwach nachgefragt wird, weil es den Verbrauchern eben auch wertvoller ist. Die Preise spiegeln nach Maßgabe der Knappheit der Produktionsfaktoren die Wertschätzungen der Verbraucher wieder. Doch erzeugt die hohe Nachfrage auch wieder ein höheres Angebot, was die Preise wieder tendenziell senkt. Letztlich verbilligen sich somit die Massengüter. Auf diese Weise wird der materielle Wohlstand der großen Zahl auf die höchstmögliche Stufe gehoben. Jeder Eingriff in dieses Marktgetriebe stört die Marktstruktur und seine immerwährende Optimierung und verschlechtert die Passung von Produktionsfaktoren und Bedürfnissen. Jeder Eingriff senkt den bestmöglichen materiellen Lebensstandard aller Verbraucher.

Der Minimalstaat ist nach der Auffassung Ludwig von Mises' die Lösung der Aufgabe, eine Wirtschaftsordnung zu gestalten, in der der Markt vollkommen unbeeinflusst von äußeren Kräften ist, in der eine vollkommene Verbraucherdemokratie herrscht. Doch ist er auch durchführbar?

Die Undurchführbarkeit der Idee

Tatsächlich ist die unverzichtbare Erhebung von Steuern ein wirtschaftspolitischer Eingriff in den freien Markt. Jede Art von Steuer verändert die Marktdata und ist in der Terminologie Ludwig von Mises' eine Intervention. Es gibt keine neutrale Steuer bei Ungleichheit von Einkommen und Vermögen, schreibt Mises in seinem Werk „Nationalökonomie" (VI. Teil, 2. Kapitel, I. Die neutrale Steuer). Aber Ungleichheit von Einkommen und Vermögen ist eine Grundbedingung des freien Marktes. Eine Kopfsteuer erhebt von jedem Bürger die gleiche Menge an Geld. Sie verändert den Verbrauch der Geringerverdienenden anders aus den der Mehrverdienenden. Die ersteren werden andere Produkte meiden als die letzteren. Sie verändern somit die Nachfrage disproportional und verändern die Angebots- und Preisstruktur. Die Kopfsteuer ist also nicht marktneutral. Allgemeine Verbrauchssteuern (Mehrwertsteuer) haben dieselben Effekte. Auch eine proportionale Einkommenssteuer wirkt sich auf die Einkommensgruppen unterschiedlich aus. Sie belastet sie ungleich. Auch dies führt zu Veränderungen des Marktverhaltens. Um so mehr gilt dies für die progressive Einkommenssteuer, die sich negativ auf die Anreize für unternehmeri-

sche Tätigkeit auswirkt. Die Nichtneutralität von spezifischen Verbrauchssteuern (Alkohol, Tabak, Mineralöl, Strom) liegt auf der Hand, ebenso die
der Vermögenssteuern (Erbschaft, Grundbesitz, Grunderwerb).

Wenn folglich neutrale Steuern nicht denkbar sind, ist jeder Minimalstaat interventionistisch allein durch die Einhebung von Steuern. Nachdem
der Sozialismus wegen des Fehlens einer Wirtschaftsrechnung undurchführbar ist, wird auch die Undurchführbarkeit einer vollkommen freien
Marktwirtschaft deutlich, vorbehaltlich des Ausschlusses von Anarchie als
Alternative zum Minimalstaat. Es muss zugegeben werden, dass im Denkmodell des Anarchokapitalismus der Markt tatsächlich absolut unbehindert von staatlichen Interventionen ist, weil es keinen Staat gibt. Der Anarchokapitalismus ist aber aus anderen Gründen undurchführbar. Er würde all jene zivilisatorischen Voraussetzungen zerstören, auf denen die arbeitsteilige Tauschwirtschaft beruht.

Theoriemodelle und Gesellschaft

Mises war sich der Problematik durchaus bewusst. Er schrieb: „Das System
der Marktwirtschaft wurde niemals vollständig und rein erprobt." (*Human
Action*, 1978, S. 265, engl. Ausgabe) Man muss hinzufügen: Es kann auch
nicht in reiner Form erprobt werden, weil allein die Steuereinhebungen Interventionen sind. Wenn also weder Sozialismus noch Marktwirtschaft in
reiner Form durchführbar sind, so handelt es sich bei beiden in gleicher
Weise um ideale Utopien, die als Wunschvorstellungen wirkungsmächtig
sind. Es sind Visionen, denen sich die Wirklichkeit immer nur stückweise
nähern kann. Beide Ideenblöcke ringen um gesellschaftlichen Einfluss.

Es gibt in ihrer konkreten historisch gewordenen Form Gesellschaften
nur in der Mitte zwischen einem idealen Sozialismus und einem idealen
klassischen Liberalismus. Es gibt kein drittes Gesellschaftsmodell in der
Theorie – die Idee eines Dritten Weges ist inkonsistent –, aber es gibt nur
Mischformen und Kompromisse in den konkreten Gesellschaftsordnungen.
Allerdings ist es von erheblicher Bedeutung, nach welcher Seite die Gesellschaft geformt wird. Sozialistische Ordnungen sind tendenziell fortschrittshemmend, extraktiv und unfrei – liberale Ordnungen das Gegenteil: tendenziell progressiv, inklusiv und frei. Beide Ideale erfahren aus den
unterschiedlichsten Gründen in ihren reinen Ausprägungen nur eine ge-

ringe Zustimmung. Die öffentliche Meinung unterstützt die Kompromisse und treibt das Schiff in einem Schlingerkurs mal nach der Seite der Sicherheit und Ordnung, mal nach der Seite der Freiheit und Dynamik. Es versteht sich von selbst, dass Liberale die Sache der Freiheit, des Fortschritts und des materiellen Wohlstands für alle Menschen verfechten. Die Ökonomik des freien Marktes wird gegen die verarmenden, lähmenden und tendenziell autoritären und extraktiven Auswirkungen eines überbordenden Interventionismus ins Spiel gebracht. Doch müssen sie trotz ihres Ideals eines möglichst unbehinderten Marktes auch zur Kenntnis nehmen, dass die Masse der Menschen gesellschaftliche Lösungen der Probleme der Daseinsvorsorge (Alterssicherung, medizinische Vorsorge u.a.) fordern, dass der Markt im Bereich der öffentlichen Güter an seine Grenzen stößt und dass unter den Bedingungen der Massendemokratie eine nicht-wertneutrale Formung der Gesellschaft mit Hilfe des Staates unvermeidlich ist. Er muss zu den Themen des Umweltschutzes, des Verbraucherschutzes, der Renten- und Krankenkassen usw. Position beziehen oder er verfehlt das Ohr der breiten Wählerschichten.

Das Zusammenspiel der Widersprüche

Im Sinne dieser Prozesslogik ist das Ringen beider Kräfte in einer pluralistischen Gesellschaft sinnvoll und notwendig, weil die Bedürfnisse der Menschen sowohl Sicherheit als auch Freiheit in sich einschließen und also in sich widersprüchlich sind. Es gibt keinen dritten Weg, aber die Wege zu den Extremen sind nicht bis zum Äußersten gangbar. Der historische Weg liegt immer zwischen ihnen. Unterscheiden wir die Sozialtheorie des klassischen Liberalismus und eine liberale Politik! Aus dem Sein leitet sich kein Sollen ab; aus der Ökonomik folgt keine Politik. Eine wertfreie Wissenschaft kann immer nur aufzeigen, ob die gewählten Mittel den erstrebten Zielen gerecht werden oder nicht. Doch die Zielwahl ist niemals wertfrei. Und Politik ist Zielwahl.

Liberale Politik kann nur erfolgreich sein, wenn sie es versteht, den breiten Massen der Wähler zu vermitteln, dass sie sowohl lang- als auch kurzfristig durch mehr Freiheit mehr gewinnen als verlieren. Sie bekämpfen einen ausufernden Interventionismus um unternehmerisches Handeln zu befeuern und die Dynamik zu steigern. Sie müssen dabei aber in Kauf nehmen, dass jede Veränderung Angst erzeugt und Gegenreaktionen provoziert, die auf Sicherheit und Konservierung des Bestandes zielen. Sie werden also eine Politik schrittweiser Reformen vertreten und dogmatischen Rigorismus tunlichst vermeiden. Insbesondere müssen sie im Hinblick auf beide aristotelische Typen von Gerechtigkeit Antworten geben: nicht nur auf die Gerechtigkeitsfragen des Typs, der sich im allgemeinen Recht manifestiert, sondern auch auf diejenigen, die den Sozialismus hervorgebracht haben. Es hilft nichts, sie gegeneinander auszuspielen und den zweiten Typ zu bekämpfen. Soziale Gerechtigkeit und Gerechtigkeit nach der Idee der Gleichheit vor dem Gesetz sind beides wirkungsmächtige Ideen und lassen sich nicht ineinander auflösen. Sie stehen kontradiktorisch nebeneinander. Das Wieselwort (Hayek) „soziale Gerechtigkeit" wurde zurecht kritisiert, weil es als Instrument zur Durchsetzung einer sozialistischen Gesellschaft verwendet wurde. Doch ist es zwecklos, gegen die „soziale Gerechtigkeit" überhaupt zu polemisieren, weil die ihr zugrundeliegende Gerechtigkeitsidee eine anthropologische Konstante ist. Eine liberale Demokratie ist ohne Antworten auf beide Gerechtigkeitstypen defizitär.

Theoriedefizit

Für eine erfolgreiche liberale Politik ist es wichtig, die Interventionen des Staates in den freien Markt zu klassifizieren. Es gibt die bekannte Interventionsspirale einer Preisregulierungspolitik, die Mises am Beispiel des Milchpreises vorgelegt hat. Daneben stehen aber eine Fülle von Interventionen, die keinen solchen Mechanismus nach sich ziehen. Aus der Einrichtung des Kindergeldes folgen keine wirtschaftsstrangulierenden Folgeinterventionen. Diese Subvention steht für sich. Kindergeld ist kein Sozialismus. Sie bedient das Bedürfnis nach Gerechtigkeit des zweiten Typs. Auch eine progressive Einkommenssteuer führt nicht automatisch zum Sozialismus und sie ist auch nur ab einer gewissen Höhe konfiskatorisch in dem Sinne, dass sie das unternehmerische Engagement erheblich drosselt. Wie bei allem, kommt es auf den Willen und die Ziele der Handelnden an. Die Milchpreisinterventionsspirale führt nur unter der Voraussetzung zu einer allgemeinen Preisregulierung, dass die Obrigkeit auch den Willen hat, ihr Ziel unter allen Umständen bis zum bitteren Ende zu verfolgen.

Doch typisch für die Politik Nachkriegsdeutschland ist ein Mangel an Konsequenz, zum Glück in vielen Fällen. Es kommt bei allen politischen Entscheidungen auch immer auf das Maß an. Mäßiger Interventionismus ist etwas völlig anderes als rigoroser. Des weiteren sind die komplexen Effekte von interventionistischen Maßnahmen in Rechnung zu stellen. Eine gesetzliche Krankenversicherung wirkt sich auf den Markt im Sinne einer Verzerrung aus, doch es erhöht die Inklusion der Arbeiter und mildert die sozialen Spannungen, die ihrerseits Brennstoff für Rebellion, Streik und Demotivation sind. Eine Theorie des Interventionismus kann nicht beim Milchpreisbeispiel stehen bleiben. Sie ist in einer differenzierten Weise erst noch zu liefern.

Die innere Widersprüchlichkeit der Minimalstaatsidee, Teil 2

von Maximilian Tarrach

In dem ersten Teil dieser Aufsatzreihe führte Helmut Krebs bereits treffend aus, dass ein Minimalstaat schon an der Idee einer neutralen Steuern theorieimmanent scheitern muss. Ich möchte im zweiten Teil auf weitere Widersprüche, sowohl was die philosophischen Rechtfertigungen des Minimalstaates als auch seine Umsetzung und Abgrenzung angeht, eingehen.

Als erstes ist festzustellen, dass eine utilitaristische Begründung, wie sie Ludwig von Mises für den Minimalstaat vorlegte, defizitär ist. Mantrahaft wiederholt er in seinen Schriften, dass der Rechtstaat den Menschen nur ein kurzfristigen Verlust beschert, welcher langfristig mehr als ausgeglichen wird. Beispielhaft sei hier eine Stelle aus seinem Werk „Liberalismus" zitiert:

> *„Die Befolgung des Sittengesetzes ist im mittelbaren Interesse jedes einzelnen gelegen, weil jedermann daran interessiert ist, daß die gesellschaftliche Kooperation der Menschen aufrechterhalten wird; doch sie legt jedem ein Opfer auf, wenn auch nur ein vorläufiges Opfer, das durch einen größeren Gewinn mehr als aufgewogen wird." (Mises, 1927, S. 31)*

Es stellen sich hier mehrere Fragen: Wieso muss jeder Mensch an der gesellschaftlichen Kooperation interessiert sein? Warum glaubt Mises für jeden Einzelfall zeigen zu können, dass das vorläufige Opfer durch einen späteren Gewinn aufgewogen wird? Die Werturteile sind durchweg subjektiv. Das bedeutet, dass die Gewaltausübung eines Individuums weitaus höher geschätzt werden kann, als jedes Eingliedern und Wirtschaften in der Gesellschaft. In Mises' Werk muss deshalb folgerichtig immer wieder gegen Buddhisten und sonstige Antimaterialisten polemisiert werden, weil diese in seiner Sozialphilosophie keinen Platz haben.[5] Sie sind keine richtigen Menschen und können keine Gesellschaft begründen. Ein blinder Fleck, welcher Mises Staatstheorie dürftig erscheinen lässt.

Selbst wenn man versuchte, den Rechtsstaat aus seiner positiven Wirkung für die formale Freiheit zu rechtfertigen, bleibt der Beweis aus, dass das Individuum auch im Einzelfall seine Freiheit besser ausnutzen konnte, als dies ohne gesellschaftlichen Gewaltapparat gelungen wäre. Allenfalls eine abstrakte Nützlichkeit des Rechts kann angenommen werden.[6] Hier liegt die Wurzel eines unerfüllten theoretischen Erklärungspotenzials des Liberalismus: Der Staat ist ein komplexeres Phänomen als von den klassisch Liberalen angenommen und übersteigt die rationale Rechtfertigung auf individueller Basis. Der Staat ist ein Produkt des Gemeinschaftssinns, der Gewaltablehnung und der Hierarchieliebe des Menschen. Im Sinne der Beziehungsmodelle von Alan Fiske wird deutlich, dass die Idee eines Staates den Tribalismus der Kleingruppe (Tribalismus=Herrschaft des Stammes) deutlich aufnimmt, indem Communal Sharing (die Rechtsordnung dient allen Mitgliedern, man bildet ein „Volk") und Authority Ranking (die Machtverhältnisse werden durch ihn klar geordnet und Gewalt damit strukturiert) zu einer starken Verbindung gebracht werden. Das Modell des Equalaty Matching findet seinen Ausdruck in dem ständigen Bestreben der Bürger, im Vergleich zu ihren Mitbürgern zumindest nicht schlechter abzuschneiden. Es zielt auf faktische Gleichheit. Die Gleichheit vor dem Gesetz überträgt dieses Prinzip in das Gebiet der Rechtsordnung, wobei aber stillschweigend vorausgesetzt wird, dass faktische Ungleichheit, sofern sie gesetzmäßig entstanden ist, auch als rechtens zu gelten habe. Die-

---

5   Vgl. Mises: *Nationalökonomie*, Genf, 1940, S. 8.
6   Vgl. Philipp Batthyany: Zwang als Grundübel in der Gesellschaft? Der Begriff des Zwangs bei Friedrich August von Hayek, Tübingen, 2007, S. 96ff.

ser Schritt bezeichnete den Paradigmenwechsel von EM zu MP. Wenn man sich nun auch noch vergegenwärtigt, dass sich der Früh-Liberalismus als Strömung und Lebenswirklichkeit auf dem Hintergrund des europäischen Absolutismus bildete, wird klar, dass die Gemeinschaftsbildung und das Hierarchie-Prinzip keine der Freiheit entgegenstehenden Ordnungsrahmen sind, sondern vielmehr seine unabänderlichen Voraussetzungen bilden. Mises' und Hayeks Polemiken gegen heteronome Moral und die Herrschaftsverbände der Kleingruppe sind nur durch die Ablehnung des Sozialismus verständlich. Eine Gesellschaftslehre aber – und eine solche wollte der Liberalismus nach Mises immer sein – muss wertneutral festhalten, dass wir es in menschlichen Gesellschaften mit einer aufbauenden Pyramide von Gemeinschaftsbildungen- und Bindungen zu tun haben, welche allesamt nach heteronomen Moralvorstellungen organisiert sind:

1. Familie/Sippe

Diese Einheit bildet sicherlich die historisch älteste und kleinste Einheit menschlicher Gemeinschaften. Die Familie wird durch nachweisbare Blutsverwandtschaft begründet. Die Begründung der Gemeinschaft haben noch wenig ideellen sondern vielmehr biologischen Charakter. Die meisten Menschen müssen ihre Liebe zu ihren Kindern und reziprok zu ihren Eltern nicht erlernen, sondern sie stellt für ihr Handeln ein unveränderliches Datum dar.

2. Stamm/Dorf

Der Stamm oder das Dorf erschafft schon eine abstraktere Gemeinschaftsebene, welche durch ein gemeinsames Schicksal, das Leben in einer gleichen Gegend (gleiche Gefahren/gleiche Feinde) und durch gemeinsame Rituale und Sitten zusammengehalten wird. Dabei gilt generell: Die jeweils nächstgelegene Gesellschaftsebene nimmt die frühere in sich auf und zehrt daher natürlich auch von den jeweils untergeordneten Bindungsprinzipien. Ein Stamm organisiert das Leben mehrerer Familien, dessen Bindung für den Stamm oder das Dorf wiederum ein endgültiges Datum darstellt.

3. Nationen

Der Nationalismus stellt eine der spätesten Gemeinschaftsentwicklungen menschlichen Seins dar. Die Gemeinschaft wird hier hauptsächlich durch gleiche Sprachzugehörigkeit hergestellt, kombiniert mit einem Volksmythos, welcher die Einheit der Sprachgemeinschaft über die Zeit suggerieren soll, welcher natürlich in der Realität nicht vorhanden ist, da Sprache ebenso ein evolutionäres Gebilde darstellt, wie die Gemeinschaft selbst. „Die Deutschen" haben somit nicht zu allen Zeiten „Deutsch" gesprochen und „Deutsch" selbst ist ein sehr dehnbares Zeichenkettensystem.

4. Kosmopolitismus (Menschenrechte)

Interessanterweise verurteilen Klassisch-Liberale, vor allem Hayekianer an allen Ecken und Enden den Tribalismus als Teil der Politik, da er irrationale Gefühle repräsentieren würde, loben im gleichen Atemzug aber die Idee der Menschenrechte. Was sind nun aber die Menschenrechte anderes als das Erkennen des anderen Menschen als Menschen, d.h. als Zugehöriger zu meiner Art, meiner Spezies, am Ende zu einem mythologischen unsichtbaren Stamm. Wir alle sind Abkömmlinge der Art Mensch und genießen daher gleiche Rechte, haben moralischen Status durch Existenz. Liberale würden somit gut daran tun, sich sogar mehr von solch einem Tribalismus zu wünschen.

Es wird nun deutlich, dass der Liberalismus keine reine Lehre vom Individuum und seiner Entfaltung *als Individuum* darstellt. Der Liberalismus steht Gesellschaftsbildung per se nicht negativ gegenüber, er kann nicht das grenzenlose Primat des Einzelnen vor der Gesellschaft vertreten ohne Anarchismus zu sein. Damit will er eine *bestimmte* Struktur der Gesellschaft. Wenn aber einmal das Individuum und auch die Gesellschaft als Zweck an sich selbst erkannt sind, muss zugegeben werden, dass zwischen diesen beiden Polen referiert, zwischen ihnen ausgeglichen werden muss, und es ist keineswegs klar, dass das Individuum immer siegreich aus einem solchen Ausgleich hervorgehen muss. Der Liberalismus kann als Strömung immer nur rechtfertigen, dass eine Verneinung und Vernichtung des Prinzips Freiheit unmöglich und unmenschlich ist, dabei muss aber gleichzeitig eine völlige Individualisierung als unmenschlich erscheinen. Wenn wir einen Bürger betrachten, welcher nur in einem Land lebt, weil er ausgerechnet hat, dass er hier öffentliche Güter im Werte von 300 € mehr pro Jahr als in seinem ursprünglichen Herkunftsland konsumieren kann, würden wir ihn als unsozial und kalt einstufen. Wir würden uns denken, dass kein Gemeinwesen Bestand haben kann, würden alle Menschen nur in ihm rechnen wie auf dem Markt und in unserem Beispiel. In diesem Satz steckt auch theoretische Wahrheit. Es bildet sich kein Staat, es bilden sich keine öffentlichen Güter auf Basis des individualistischen Denkens, weil das Individuum nie wissen könnte und niemals das Risiko einginge, etwas zu finanzieren, dessen Nutzen so ungewiss ist. Die Realität der öffentlichen Güter und ihr Anwachsen beweisen somit, dass gesellschaftliches kollektivistisches Denken nicht grundsätzlich zum Scheitern verurteilt sind und dass das Denken in Kollektiven eine menschliche Konstante bildet, welche durch den Liberalismus zwar im Schach gehalten, doch niemals vernichtet werden kann noch sollte.

Gegen öffentliche Güter wird von Liberalen in der Folge häufig ins Feld geführt, dass diese dem Eigentumsrecht widersprechen würden.[7] Aber wenn aufgrund der Notwendigkeit von Steuern sowieso kein absolutes Eigentumsrecht in einem Staat verwirklicht werden kann, warum sollte dann nicht auch über den abstrakten Nutzen des Rechtsstaats hinaus einem gesellschaftlichen Wunsch nach Entfaltung stattgegeben werden? Warum muss z.B. das Streben des Einzelnen nach Reichtum immer über dem Wunsch nach Finanzierung einer allgemein zugänglichen Infrastruktur stehen? Es bleibt ein Ringen um Grade des Eigentums, um die Größe der Sphäre, welche man dem Individuum erlaubt und welche man dem Staat und damit der Gesellschaft eröffnet. Eine einfache Dichotomie greift aber zu kurz. Mehr Eigentum bedeutet in den meisten Fällen (nicht in allen!) eine höhere Effizienz, eine höhere Ergiebigkeit der Produktion und eine stärkere Wachstumsdynamik. Mit mehr Staat geht meist (nicht immer!) mehr sozialer Frieden, leichte Egalisierungstendenzen und mehr Gemeinschaftssinn einher. Gegen direkte Preispolitik, Zölle und gegen Zwangsarbeit lässt sich mit Mises wunderbar wertneutral argumentieren, dass die Ziele dieser Politiken nicht erreichbar sind und damit aus dem Feld der Politik verbannt werden müssen. Aber progressive Steuern, öffentliche Güter, Infrastruktur, Umweltschutz, Verbraucherschutz, Normen- und Standardsetzung, Sozialversicherung etc. stehen für sich und sind mit den liberalen Grundwerten durchaus vereinbar. Da diese Eingriffe oder Gestaltungen des Öffentlichen möglich sind und nicht früher oder später

---

7 Vgl. Mises (1927), S. 34: „Der Grund der Ablehnung einer weiteren Betätigung des Staates [außer dem sehr vage gelassenen Bereich der Sicherheit nach außen und nach innen – M.T.] ist eben nur der, daß damit das Sondereigentum an den Produktionsmitteln faktisch beseitigt würde.“

untergehen müssen, werden die Menschen sie auch ergreifen und umsetzen. Eine ewige Fundamentalopposition gegen sie zu bilden, scheint daher ebenso sinnlos zu sein wie ein „War on Drugs".

Der hier vertretene Kosmo-Liberalismus wird als Gesellschaftslehre oder einfach als Liberalismus im weiten Sinne verstanden, welcher sich damit nicht absolut zu den Graden des Eigentums und des Individuums vor der Gesellschaft positionieren kann. Der Neoliberalismus (als politische Strömung seit den 1970er Jahren) oder klassische Liberalismus oder der Liberalismus im engeren Sinne wird als politische Ideologie eingestuft, welche dem Individuum immer so viel wie aktuell möglich Vorrang geben möchte. Diese Ideologie steht damit in gerechtfertigter Konkurrenz zu Sozialdemokratie und Konservativismus. Dieses Ringen um Grade der freiheitlichen Gesellschaftsstruktur ist das, was wir heute als Politik kennen. Aus der Vogelperspektive des Kosmo-Liberalismus stellt dies eine zu begrüßende Spanne der Gestaltungsmomente dar.[8] Für eine zukünftige neue Weltordnung sollte diesem Spielraum der Politik Platz gemacht werden, muss der Bürger zwischen diesen Modellen wählen dürfen. Voraussetzung dafür bleibt natürlich der globale Frieden und die grundsätzliche Rechtssicherheit aller Gemeinwesen. Dann kann es einen durchaus liberalen Wettbewerb zwischen eher staatsnahen Gesellschaften wie Dänemark, Finnland oder Schweden und eher staatsfernen, wie England, USA, Schweiz oder Liechtenstein geben. Die gemeinsame Klammer würde dann der Kosmo-Liberalismus bilden, als die von allen anerkannte Gesellschaftslehre.

---

8   Vgl. sogar Mises (1978), wo er zugibt, dass der liberale Staat Grade kennt und volle Freiheit im Staate nicht verwirklichbar ist, S. 70: „Lässt der Träger der Staatsgewalt, die Regierung, den Menschen, die im Staatsgebiet leben und damit dem Gewaltapparat des Staates unterworfen sind, einen Spielraum, innerhalb dessen sie ohne Störung durch den Staatsapparat handeln dürfen, dann nennen wir den Staat Rechtsstaat. Der Begriff des Rechtsstaats lässt Gradabstufungen zu. Ein Staat kann mehr oder weniger Rechtsstaat sein, je nachdem, ob er den Untertanen mehr oder weniger Freiheit lässt. Volle Freiheit kann es im Staate nicht geben; ein Staat, der alles dulden würde, würde aufhören Staat zu sein. Einen Staat, der den Untertanen überhaupt keine Sphäre freien Handelns lässt, nennt man einen totalen Staat."

Über die Verarmungstheorie im Rahmen des Interventionismus

von Helmut Krebs

Ludwig von Mises erläutert das Wesen des produktionspolitischen Eingriffs im 3. Kapitel des sechsten Teils seines Werks „Nationalökonomie" (S. 663ff.) als Ablenkung der Produktion (im weitesten Sinne, also einschließlich Handel und Transport) von den Wegen, die sie in der unbehinderten Marktwirtschaft einschlagen würde.

> *„Im produktionspolitischen Eingriff verbietet die Obrigkeit die Erzeugung bestimmter Güter oder die Anwendung bestimmter Erzeugungsverfahren oder sie erschwert oder verteuert diese Erzeugung und diese Verfahren."*

Da der Markt eine Doppelfunktion ausübt – eine *Preisfunktion* im Rahmen der „Verteilung" der Güter und eine *Steuerfunktion* im Rahmen der Kapitalverwendung –, funktioniert ein unbehinderter Markt im Sinne einer Optimierung des Waren*angebots* und der Waren*kosten* nach Maßgabe der *Verbraucher*bedürfnisse. (Vgl. S. 672 ff.) Daraus leitet sich ab, dass jede Störung nicht-optimale Strukturen erzeugt und damit eine relative Verarmung. (Die einschränkende Bezeichnung der *relativen* Verarmung verwendet Mises in *Human Action.*)

Die aprioristische und deduktive Argumentation ist schlüssig und leicht zu begreifen. Doch bereitet die Diskussion dieser Theorie anhand von Beispielen teilweise Schwierigkeiten. Nehmen wir die heute üblichen produktionspolitischen Eingriffe zur Hand.

Energie- und Klimapolitik: Beim Glühbirnenverbot haben wir ein klassisches Beispiel, das unmittelbar einleuchtet. Die Alternativleuchtmittel sind teurer und ästhetisch unbefriedigend. Die Ersetzung von hocheffektiven Kernkraftwerken (mit Erntefaktoren bis zu 100) durch Windräder und Solarparks (mit Ernteeffekten im einstelligen Bereich) sind ökonomisch Vergeudung. Ein analoges Beispiel sind die Wärmedämmvorschriften des Baugewerbes. Andererseits steht der Nutzen dieser energie- und klimapolitischen Interventionen auf einem anderen Blatt. Vorausgesetzt, die klimatischen Implikationen sind richtig, dann erzeugen die Interventionen einen Nutzen, der gegen ihren Aufwand abgewogen werden muss. (Andernfalls erzeugen sie einen Schaden.) Verarmung erscheint folglich als eine Frage des Standpunkts und der Werturteile und ihre ökonomische Eindeutigkeit als fraglich.

Umweltschutz: Produktionspolitische Eingriffe liegen bei den Abgaswertrichtlinien von Fahrzeugen, Industrie- und Heizanlagen vor. Sie verteuern die Produkte, doch sie erzeugen eine reinere Umwelt.

Gesundheitsvorsorge: Die Rezeptpflicht bei Drogen und Arzneimitteln, die Patentierung von Pharmazeutika, die Kammerpflicht bei Ärzten (analog bei Architekten, Anwälten und Notaren) sind Eingriffe, die den Marktzugang von Waren und Arbeit regulieren. Sie mindern den Wettbewerb und verknappen das Angebot. Insofern wirken sie tendenziell verarmend, doch ihr Nutzen steht auf einem anderen Blatt: Er besteht in einem höheren Maß an Sicherheit und Risikominderung des Verbrauchers.

Diese drei Beispielgruppen genügen zur Diskussion der inneren Widersprüchlichkeit der Verarmungstheorie. Diese ergibt sich bei einer *Gleichsetzung von individuellem Verbrauchernutzen und einem kollektiven Nutzen der Bürger.* (Wir sehen von einer kritischen Diskussion der klimapolitischen Implikationen ab.) Der Kollektivnutzen für die Bürger liegt in Form von Lebensbedingungen der Verbraucher und Standortbedingungen der Produzenten vor. Sie gehen ein als Lebensqualität in den Verbrauch und als Produktionsfaktor in die Produktion (am Beispiel des Patentschutzes mit Nutzen für den Verbraucher). Der Nutzen dieser Eingriffe wird politisch definiert im Rahmen der Diskussion der *res publica,* während der Nutzenentgang sich auf die *individuelle* Versorgung der Verbraucher mit *materiellen Gütern* bezieht. Der individuelle Verbrauch wird eingeschränkt zugunsten einer als allgemein nützlich angesehenen Verbesserung der Rahmenbedingungen. Öffentliche (politische) Güter und persönliche (private) Güter stehen hier alternativ. Die Erzeugung von öffentlichen Gütern greift in das Marktgetriebe im Sinne von Interventionen ein, gleich ob sie als nützlich oder schädlich im Sinne des Verbrauchers betrachtet werden können. Sie sind ökonomisch Aufwand des Staates (Subventionen für Windparks), der ganzen Gesellschaft (Abgaben nach dem EEG) oder einzelner Produzenten (Abgaswerte). Sie sind im Zusammenhang mit staatlichen Aufwendungen kollektiver Konsum, eben Staatsausgaben. Sie können ökonomisch nicht miteinander verrechnet werden, weil Nutzen nicht vermessen und verrechnet werden kann, sondern nur gereiht und verglichen, verglichen auf der Grundlage subjektiver Wertvorstellungen.

Die Widersprüchlichkeit unserer Beispiele erweist sich als eine der Betrachtungsebenen: hier der Markt – dort die *res publica*. Ein Seitenblick auf die Rüstungsausgaben beleuchtet die Zusammenhänge. Rüstungsausgaben sind ökonomisch gesehen kollektiver Konsum (und insofern individuelle Verarmung), aber sie erzeugen einen Kollektivnutzen, der nicht mit der materiellen Versorgung der Individuen verrechnet werden kann, weil er in die Rahmenbedingungen des Wirtschaftens einfließt.

Mises liefert in dem besprochenen Unterkapitel keine konkreten Beispiele für produktionspolitische Eingriffe, im Folgenden spricht er von protektionistischen Maßnahmen zugunsten des Handwerks und des Einzelhandels und zuungunsten der Industrie und der Warenhäuser. Diese Beispiele sind aufgrund der EU-Politik ziemlich veraltet und brauchen nicht weiter diskutiert werden. Anders dagegen sind die Agraraußenzölle der EU zu beurteilen. Hier handelt es sich um wirksame protektionistische Maßnahmen zulasten der außereuropäischen Produzenten und um indirekte Subventionen der europäischen Bauern. Analog sind die Subventionen der Montanindustrie zu werten. Hier wie dort werden sicherheitspolitische Gründe ins Spiel gebracht, und wir haben damit erneut eine Doppelbödigkeit der Problematik.

In meinem Buch *Sklerose* wird die Dialektik dieser beiden ineinander verschränkten Ebenen von Ökonomie und Politik im Rahmen einer alternden Gesellschaft eingehend diskutiert.

ENTWICKLUNGSPROBLEME

Wir befinden uns mitten in einem rasanten Wandel der gesellschaftlichen Verhältnisse. Das Zeitalter des Liberalismus ist nicht vergangen, sondern in einer wachsenden Dynamik begriffen. Die Veränderungen in praktisch allen Ländern der Erde haben Rückwirkungen auf die alternden hochentwickelten Gesellschaften bringen neue Widersprüche hervor. Kosmo-Liberalismus trägt dieser Tatsache Rechnung, indem er an den Kosmopolitismus der klassischen Liberalen anknüpft und den Zusammenhang der globalen Entwicklung untersucht.

Der Kosmopolitismus der klassisch Liberalen

von Helmut Krebs

> *„Alle Menschen ähneln insoweit dem guten Prinzip, als dort, wo nicht Interesse, Rachsucht oder Neid unsere Disposition ins Gegenteil verkehren, wir immer aufgrund unserer natürlichen Menschenliebe geneigt sind, dem Glück der Gesellschaft und folglich der Tugend vor ihrem Gegenteil den Vorzug zu geben."* [9]
> *„Es muss in der Tat zugegeben werden, dass der Mensch nur dadurch, dass er Gutes tut, die Vorteile seines außerordentlichen Ranges wahrhaft genießen kann; sein einziges Vorrecht ist es, Geringeren Zuflucht zu gewähren, die auf seinen Schutz und Schirm vertrauen."* [10]
> *„Wohltätig sein, wo man kann, ist Pflicht, und überdem gibt es manche so teilnehmend gestimmte Seelen, dass sie auch ohne einen andern Bewegungsgrund der Eitelkeit oder des Eigennutzes ein inneres Vergnügen*

---

9   David Hume: *Eine Untersuchung über die Prinzipien der Moral*, Stuttgart, 2002, S. 150.
10   Ebd., S. 95.

daran finden, Freude um sich zu verbreiten, und die sich an der Zu-
friedenheit anderer, so fern sie ihr Werk ist, ergötzen können."[11]

Die Weltökumene

Das Denken Ludwig von Mises durchzieht leitmotivisch die Idee einer
Weltökumene. Damit ist die wirtschaftliche und gesellschaftliche Einheit
aller Menschen auf der Erde gemeint. Die Ziel des klassisch Liberalen ist
nicht weniger als das Wohl der gesamten Menschheit.

> *„Als letztes Ideal schwebt dabei immer der Gedanken einer vollständi-*
> *gen Kooperation der ganzen Menschheit vor, die sich friedlich und*
> *ohne Reibungen abwickelt. Das Denken des Liberalen hat immer das*
> *Ganze der Menschheit im Auge und nicht nur Teile, es haftet nicht an*
> *engen Gruppen, es endet nicht an den Grenzen des Dorfes, der Land-*
> *schaft, des Staates und des Erdteils. Es ist ein kosmopolitisches, ein*
> *ökumenisches Denken, ein Denken, das alle Menschen und die ganze*
> *Erde umspannt. Der Liberalismus ist in diesem Sinne Humanismus,*
> *der Liberale Weltbürger, Kosmopolit.*"[12]

Es gibt zwei Prinzipien der geschichtlichen Entwicklung: Zusammenarbeit
in Frieden oder räuberische Konkurrenz und Krieg. Während die Urge-
meinschaften im ständigen Kampf gegen die Natur und in Feindschaft gegen andere Horden standen, wobei sie nur wenig über das tierische Erbe
hinauskamen, entwickelten die Agrargesellschaften nach der jungstein-
zeitlichen Revolution (Übergang zu Ackerbau und Viehzucht) innerhalb
ihrer Gemeinschaften Arbeitsteilung und konnten dadurch Überschüsse
erwirtschaften, die sie zum Aufbau einer komplexeren Großgesellschaft,
zur Einrichtung eines Staates, zur Gründung von Städten und Reichen verwenden und mit denen sie Außenhandel treiben konnten. Die Stadtstaaten
erweiterten sich auf Kosten ihrer Nachbarn zu Reichen und konkurrierten
mit anderen Reichen. Außenpolitisch waren die Agrarstaaten kriegerisch,
innenpolitisch herrschaftlich. Doch bestanden von Anfang an Märkte und
Arbeitsteilung. Im ihrem Schoß bildeten sich die Grundlagen für eine freie
und offene Gesellschaft des Kapitalismus, die der Inbegriff des Liberalis-

---

11   Immanuel Kant: *Grundlegung zur Metaphysik der Sitten*, Erster Abschnitt.
12   Mises: *Liberalismus*, a.a.O., S. 93.

mus ist. Die Agrargesellschaft verfuhr nach dem Prinzip „Des Einen Vorteil ist des Andern Nachteil". Wir nennen das heute ein Nullsummenspiel.

> *„Der Satz, dass des Einen Vorteil des Andern Schaden sei, ist richtig für Kriegführen und Beutemachen. Was der Räuber mir abgenommen hat, ist sein Vorteil und mein Schaden. Doch Krieg und Handel sind verschiedene Dinge."* [13]

Die Marktgesellschaft aber gründete sich auf die Erkenntnis, dass Tausch zu beiderseitigem Vorteil ist. Wir sprechen heute von Win-Win-Situationen. Im 17. Jahrhundert konnte schließlich die kapitalistische Entwicklung eine Dynamik annehmen, die es ermöglichte, der gesamten Gesellschaft ihren Stempel aufzudrücken. Die Menschheit trat in die zweite epochale Revolution ein: in den Übergang von der Agrargesellschaft zur freien offenen Weltgesellschaft. Der oberste politische Wert des Liberalismus ist die Bewahrung der Bedingungen, die eine globale Arbeitsteilung und den Austausch von Waren, den freien Fluss von Kapital und Arbeit begünstigen. Es ist der Frieden. Dem Frieden zugeordnete Werte sind die Rechtsordnung, die Demokratie, die bürgerlichen Freiheiten.

> *„Das Ziel der inneren Politik des Liberalismus ist auch das seiner auswärtigen Politik: Frieden. So wie im Innern der Staaten so strebt der Liberalismus auch im Verkehr zwischen den Staaten friedliches Zusammenwirken an. Der Ausgangspunkt des liberalen Denkens ist die Erkenntnis des Wertes und der Wichtigkeit menschlicher Kooperation, und alles, was der Liberalismus plant und ins Werk setzen will, dient der Erhaltung des gegenwärtig erreichten Standes und dem weiteren Ausbau der wechselseitigen Kooperation der Menschen.* [14]

Mises steht ganz in der Tradition des liberalen Humanismus. Wieland, Kant, Goethe, Lessing, Herder und Schiller vertraten kosmopolitische Positionen. Selbstverständlich traten die Freihändler (Hume, Smith, Bentham, Ricardo, Mill) für Weltoffenheit und gegen nationale Borniertheit ein. In ihren moralphilosophischen Schriften hatten sie *einen* Menschen vor Augen, nicht Klassen oder Rassen unterschiedlicher Art. Die Redewendung *laissez-faire, laissez-passer* (machen lassen, durchlassen) bedeutete im Frankreich des beginnenden 18. Jahrhundert freien Handel mit dem Ausland. Es ist ein Synonym für offene Grenzen.

---

13 Mises: *Human Action*, a.a.O., Kap. 24.1.
14 Mises: *Liberalismus*, a.a.O., S. 93.

Der freie Mensch, die einige Menschheit

In enger Verbindung zum Tauschprinzip steht die Anerkennung des anderen Menschen als Partner. Unter gewissen Aspekten werden alle Menschen als gleich angesehen. Gleichheit bedeutet nicht tatsächliche Gleichheit in Geist und Körper, in Herkommen und Charakter – gleich bedeutet gleichberechtigt. Gleich sind die Menschen unter dem Gesichtspunkt des Rechts. Alle Gesetze, die das friedliche Zusammenleben und den Tauschverkehr regeln, sollen für alle Menschen gleichermaßen gelten. Darin steckt das Reziprozitätsprinzip als Leitidee, die im Tauschakt millionenfach ausgeübt und bekräftigt wird. Geben und Nehmen im freiwilligen Einverständnis zum beiderseitigen Vorteil, ohne List und Betrug, mit der Sicherheit der Vertragstreue und der Lauterkeit des ehrbaren Kaufmannes, auf der Grundlage von Vertrauen und Glaubwürdigkeit stehen Pate beim liberalen Gleichheitsgedanken. Der freie Mensch, der im Zentrum der rationalistischen Philosophie der Aufklärung steht, ist frei in dem Sinne, dass er selbst urteilen, entscheiden, werten und handeln kann.

> *„Nun behaupte ich: dass wir jedem vernünftigen Wesen, das einen Willen hat, notwendig auch die Idee der Freiheit leihen müssen, unter der es allein handle.“*[15]

Er ist dazu mit Verstand begabt und autonom, weil kein anderer Mensch über einen andersgearteten Verstand verfügt als er. Alle Menschen sind *Homo sapiens*, mit Verstand begabte Lebewesen und sich darin – im Prinzip – gleich. Der Rechtsgedanke löst die Idee des autoritären Gesetzgebers ab. Recht ist nicht das, was ein Herrscher will, sondern das, was in die Vorstellungen von Gerechtigkeit der Bürger eingeschrieben ist, was sich in jahrtausendlanger Konvention eingeübt hat, das, was alle bejahen können. Recht und Freiheit sind Ideen von universeller Bedeutung oder bedeutungslos. Alle Menschen der Erde werden Brüder – so dichteten die liberalen Schriftsteller (Schillers Ode an die Freude). Die Unterschiede der Rasse, Sprache, der Moralvorstellungen usw. sind von untergeordneter Bedeutung im Hinblick auf die ökumenische Idee des Liberalismus. Prosaischer ausgedrückt: Der Tauschhandel in arbeitsteiliger Beziehung von immer mehr Menschen verbessert die Lebensbedingungen aller Marktteilnehmer.

---

15 Kant, ebd, Dritter Abschnitt.

> *„Nicht das Unheil, das einen Mitbürger trifft, wird für andere zur Quelle von Gewinn, sondern dass sie dieses Unheil mildern oder beheben. Die Seuche bringt dem Erkrankten Schaden, nicht der Arzt, der ihn von der Krankheit befreit. Der Gewinn des Arztes ist nicht durch die Seuche geschaffen worden, sondern dadurch, dass er sie zu bekämpfen weiß und bekämpft."* [16]

Die liberalen Aufklärer sprachen von der Interessenharmonie. Heute drücken wir das anders aus: Die langfristigen Interessen aller Menschen sind die gleichen. Intensivierung der Arbeitsteilung bedeutet, dass wir von immer mehr Menschen, die zur Erzeugung unserer Produkte beitragen, abhängig werden. Spezialisierung bringt es mit sich, sich von einer Selbstversorgung zu entfernen und die Verbindung der Menschen untereinander zu verstärken. Alle sind von allen abhängig und bilden somit in eine Interessengemeinschaft. Das hochentwickelte Deutschland lässt sich den Großteil der Unterwäsche in China herstellen und liefert dorthin Lackierungsroboter. Es wäre unwirtschaftlich, selbst T-Shirts herzustellen, die in China zu einem Bruchteil der Kosten erzeugt werden können.

Flüchtlinge bei sich aufzunehmen, um ihnen einen Übergang zu einem neuen eigenständigen Leben zu ermöglichen, ist Ausdruck einer humanistischen und kosmopolitischen Gesinnung. Es ist ein edler moralischer Zug, der auf dem Hintergrund, selbst auch in die Lage eines Flüchtlings kommen zu können, nicht uneigennützig ist. Auch Ludwig von Mises, Friedrich A. von Hayek und mit ihnen viele liberale Denker waren Flüchtlinge vor der Barbarei des Nationalsozialismus. John Locke musste nach Holland fliehen, Grotius floh in einem Bücherkasten aus dem Gefängnis, Voltaire floh nach England – die Liste verfolgter liberaler Flüchtlinge ist lang.

Die nationalen Grenzen als Störfaktoren der Weltökumene

Der unbehinderte Markt ist bei Mises ein zentrales Gedankenbild. Es ist in unserer heutigen Sprache das Modell eines idealen Marktes, in dem das Marktgetriebe durch keine politischen Hindernisse zu einer suboptimalen Tendenz umgelenkt wird. Es ist ein freies, sich selbst organisierendes und lernendes System, das nach einem Zustand höchster Effizienz beim Einsatz der knappen Produktionsfaktoren strebt und geleitet wird von den Bedürf-

---

16 Mises: *Human Action*, Kap. 24.1.

nissen der Verbraucher. Störende Einflüsse sind Machtinterventionen in Produktion, Preise, Geldmenge, Zinssätze, Verbrauch, Einkommen und den Fluss von Waren, Kapital und Arbeitskräften. Das Idealbild setzt einen vollkommen neutralen Staat voraus und – stillschweigend – eine vollkommen friedliche offene entgrenzte Weltökumene. Dann intensiviert sich die Arbeitsteilung, erhöht sich die Ergiebigkeit der Arbeit durch Spezialisierung, siedeln sich die Produktionsfaktoren in einer optimalen Verteilung gemäß den geografischen Gegebenheiten an. Der Reichtumsgewinn für alle Erdenbürger wäre immens.

Dass in diesem Idealbild Gebietsgrenzen stören, ist selbstverständlich. Welchen Vorteil offene Grenzen für die Produktivitätssteigerung der Wirtschaft haben, lässt sich im europäischen Binnenmarkt studieren. Allein der Wegfall der Grenzkontrollen ermöglicht es, eine Just-in-time-Produktion international aufzustellen. Das Ziel des liberalen Ideals ist die Schaffung eines allumfassenden Weltbinnenmarktes. Das ist nur ein anderer Ausdruck für Weltökumene.

Die Folge wäre nicht nur die Erhöhung der Ergiebigkeit der Arbeit und eine globale Wohlstandsvermehrung. Es wäre auch eine Angleichung der Lebensstandards weltweit, mit anderen Worten, die Überwindung des Unterschieds von armen und reichen Ländern.

> *„In der lebenden und sich verändernden Wirtschaft haben die Löhne die Tendenz, sich zu den Gleichgewichtslöhnen hin zu bewegen; wenn keine weiteren Datenänderungen auftreten würden, müssten die Marktlöhne und die Gleichgewichtslöhne schließlich zusammenfallen. Die Anpassung erfordert Zeit.“* [17]

> *„Nehmen wir an, dass der Übertragung der Kapitalgüter und der Arbeiter von Ort zu Ort keine institutionellen Hindernisse im Wege stehen, dann wird, wenn die Arbeiter zwischen den Arbeitsorten nicht unterscheiden, in der gleichmäßigen Wirtschaft die Verteilung der Arbeiter über die Erdoberfläche der Abstufung der Ergiebigkeit der ursprünglichen naturgegebenen Produktionsfaktoren und der in der Vergangenheit mit dem Boden fest verbundenen Kapitalanlagen entsprechen. Es gibt dichter und weniger dicht besiedelte Gebiete; die Lohnsätze sind ... tendenziell überall gleich hoch.“* [18]

---

17 Ebd.
18 Ebd.

Eine Intensivierung des Welthandels stärkt auch die Chancen auf die Erhaltung des Friedens, weil alle am Welthandel beteiligten davon profitieren und am Krieg verlieren. Doch muss dieser Zusammenhang begriffen werden.

> *„Nur die höhere Produktivität der gesellschaftliche Arbeitsteilung vermag dauernden Frieden zu stiften. Sie überwindet den natürlichen Widerstreit der Interessen. Denn nun ist nicht mehr ein nicht vermehrbarer Vorrat an Gütern erster und höherer Güterordnungen zu verteilen."[19]*

Die Konflikte in der Welt werden durch wirtschaftlichen Nationalismus verursacht

Die Konflikte in der Welt wurzeln, wie gezeigt, in den Bedingungen der Agrargesellschaften, die wirtschaftlichen Nationalismus begünstigen und eine soziale Hierarchisierung erzeugen, die als Triebkraft von Konflikten fungiert. Die heutigen Konflikte in der Welt werden nicht von den Märkten verursacht.

> *„Es ist freilich wahr, dass in der Welt, in der wir leben, Interessenkonflikte bestehen, die zu Kriegen treiben. Doch diese Konflikte entspringen keineswegs dem Getriebe der Marktwirtschaft. ... Keiner dieser Konflikte wäre in einer unbehinderten Marktwirtschaft aufgetreten. Man denke sich die Welt als ein einziges Marktwirtschaftsgefüge, in dem das Marktgetriebe durch keinerlei Maßnahmen behindert wird, die es dem Einzelnen verwehren, sich als Unternehmer, Eigentümer oder Arbeiter so zu betätigen, wie er es für zweckmäßig erachtet, und man frage, welche von den sogenannten wirtschaftlichen Konfliktursachen in einer so beschaffenen Weltordnung übrigbleiben würde. Man stelle sich doch vor, was es bedeuten würde, wenn alle Menschen und alle Güter volle Freizügigkeit genießen würden, wenn überall auf Erden das Sondereigentum an den Produktionsmitteln streng durchgeführt wäre, wenn kein Staat und kein Gericht einen Unterschied zwischen Einheimischen und Fremden machen würden, wenn es daher für jedermann gleichgültig wäre, wo die Grenzen zwischen den einzelnen Staatsgebieten laufen. Man stelle sich eine Welt vor, in der die Regierungen sich ausschließlich der Aufgabe widmen, Leben, Gesundheit und Eigentum der Individuen*

---

19 Ebd., Kap. 24.3.

zu schützen gegen Gewalt und betrügerische Aggression. In einer solchen Welt sind die Grenzen auf den Landkarten gezogen, aber sie hindern niemanden daran zu verfolgen, was er glaubt, es werde ihn reich machen. Kein Einzelner ist an einer Ausdehnung der territorialen Größe seiner Nation interessiert, da er aus einer Vergrößerung keinen Gewinn ziehen kann. Eroberung lohnt sich nicht und der Krieg wird überflüssig."[20]

Zum Erbe der Agrargesellschaften gehören auch die interventionistische und die sozialistische Wirtschaftspolitik. Interventionen des Staates in den Markt sind immer nationalistisch oder herrschaftlich motiviert. Sie zielen entweder darauf, die eigene Nation im Wettstreit mit anderen Nationen zu begünstigen (in Verkennung des Tauschprinzips) oder darauf, einzelne Gesellschaftsgruppen innerhalb der Nation gegenüber anderen zu bevorteilen (Hierarchieprinzip). Eine ideale liberale Nation würde sich wirtschaftspolitisch abstinent verhalten und auf das Tauschprinzip setzen, das den gesamten Kuchen größer macht und damit die zu verteilenden Stücke, während das nationalistische Prinzip das Gegenteil bewirkt, selbst wenn der eigene Anteil prozentual wächst.

„Der wirtschaftliche Nationalismus ist mit einem dauerhaften Frieden nicht zu vereinbaren. Doch der wirtschaftliche Nationalismus ist unvermeidlich, wo es staatliche Einmischungen in die Wirtschaft gibt. Der Protektionismus ist unverzichtbar, wo es keinen freien Binnenmarkt gibt. Wo sich die Regierung in die Wirtschaft einmischt, wird der Freihandel selbst kurzfristig die angestrebten Ziele der verschiedenen interventionistischen Maßnahmen verfehlen."[21]

Durchsetzung der liberalen Ideen statt Abschaffung des Staates

Nationen sind eine historische Tatsache, die niemand abschaffen kann. Selbst wenn sich aus kleineren Nationen größere entwickeln, etwa aus den deutschen Kleinstaaten das Deutsche Reich in der Zeit von 1865 bis 1871, bleibt der Gedanke der nationalen Zugehörigkeit dennoch erhalten. Aus Württembergern wurden Deutsche, blieben aber noch für Generationen im Herzen Württemberger. Heute sind alle Deutschen sowohl Deutsche als auch landsmannschaftlich beheimatet. (Die vielen Einwanderergruppen

---

20 Ebd., Kap. 24.5.
21 Ebd.

identifizieren sich sowohl mit Deutschland als auch mit ihrer Ursprungsnationalität: die Türken, die Juden usw.) Wie tief verwurzelt der Nationalismus im Denken der Menschen ist, zeigt die Problematik des europäischen Integrationsprozesses, die nicht auf einem paneuropäischen Nationalbewusstsein basiert, sondern als Projekt der Regierungen von den Massen mit gemischten Gefühlen beobachtet wird. Der Liberalismus trägt dem nationalen Selbstbewusstsein der Massen Rechnung, indem er die Nationalstaaten nicht abschaffen, aber die Grenzen durchlässig gestalten will. Offene Grenzen sind keine Nichtgrenzen, sondern Durchlassregelungen für einen Weltmarkt auf der Grundlage völkerrechtlicher Verträge der Nationalstaaten.

> *„Der Liberalismus setzte seine Hoffnungen nicht auf die Abschaffung der Souveränität der verschiedenen Nationalstaaten, ein Wagnis, das zu endlosen Kriegen geführt hätte. Er strebt nach einer allgemeinen Anerkennung der wirtschaftlichen Freiheit. Wenn alle Völker liberal werden und begreifen, dass die wirtschaftliche Freiheit ihren eigenen Interessen am besten dient, wird die nationale Souveränität keine Konflikte und Kriege mehr erzeugen."* [22]

Der kulturelle Nationalismus als Hemmnis für Offenheit

Mises war gegenüber den Ängsten der Gastnationen vor einer Überflutung durch Einwanderer nicht unsensibel. Als Gelehrter mit jüdischen Wurzeln war ihm ein kultureller Nationalismus aber fremd. Liberale treten genuin für Toleranz ein, also für das friedliche Nebeneinander von unterschiedlichen Ideologien, Religionen, Nationalitäten. Die Idee einer deutschen Leitkultur, einer deutschen Volksseele und ähnliches sind romantische und reaktionär-konservative Positionen, die im Liberalismus keinen Platz haben. Der Liberalismus kämpft für eine Welt, wo Menschen unterschiedlicher kultureller Hintergründe friedlich miteinander kooperieren. Die Konventionen von Tauschgesellschaften ermöglichen es ja gerade, dass Fremde in eine Handelsbeziehung miteinander treten. Für das friedliche Miteinander sind keine gemeinsamen Moralvorstellungen notwendig, es genügt die Anerkennung der zentralen rechtlichen Erfordernisse, wie zum Beispiel die Anerkennung des Eigentums des anderen, der Verbindlichkeit von Verträgen usw.

---

22 Ebd.

„Kosmopolitismus ist heute, da die antilliberalen Ideen die Welt beherr-
schen, in den Augen der Massen ein Vorwurf. Es gibt in Deutschland
übereifrige Patrioten, die es den großen deutschen Dichtern, besonders
Goethe, nicht verzeihen können, dass ihr Denken und Fühlen nicht na-
tional beschränkt, sondern kosmopolitisch gerichtet war. Man meint,
dass zwischen den Interessen der Nation und jenen der Menschheit ein
unüberbrückbarer Gegensatz bestehe, und dass derjenige, der sein Sin-
nen und Trachten auf das Wohl der Menschheit als Ganzes richtet, not-
wendigerweise die Interessen seines eigenen Volkes hintansetzt. Nichts
ist verkehrter als diese Auffassung. So wenig wie derjenige, der auf das
Wohl des ganzen deutschen Volkes hinarbeitet, damit die Interessen sei-
ner engeren Heimat schädigt, so wenig schädigt ein Deutscher, der auf
das Wohl der ganzen Menschheit hinarbeitet, seine Volksgenossen, d. s.
die Mitmenschen, die ihm durch Sprache und Nachbarschaft und viel-
fach auch durch Abstammung und geistige Gemeinschaft näherstehen,
in ihren besonderen Interessen. Denn so wie der einzelne daran interes-
siert ist, dass das engere Gemeinwesen, in dem er lebt, blühe und gedei-
he, so ist er auch in demselben Maße an dem Gedeihen der ganzen Welt
interessiert.“ [23]

Wo Mises ein unüberwindliches Hindernis für offene Grenzen sah, lagen innenpolitische Verhältnisse vor, die mit denen des heutigen Deutschlands nicht zu vergleichen sind. Die Probleme der Einwanderung können sich als unüberwindlich herausstellen, wenn die Gastnation fremdenfeindlich ist. Der Jude spricht hier aus leidvoller eigener Erfahrung, wenn er vom Schicksal unterdrückter Nationalität oder unterdrückter Religionsgruppen in einem Land spricht, das sich nicht dem Gedanken der Toleranz ver-pflichtet fühlt.

„Der Stand dieser für das Schicksal der Welt wichtigsten Streitfrage, von
deren befriedigender Lösung Sein oder Nichtsein der Zivilisation ab-
hängt, ist also der: auf der einen Seite stehen Dutzende, ja Hunderte von
Millionen Europäer und Asiaten, die gezwungen sind, unter ungünsti-
geren Produktionsbedingungen zu arbeiten, als es jene sind, die sie in
den verschlossenen Gebieten finden können. Sie verlangen Öffnung der
Grenzen des verbotenen Paradieses, weil sie sich davon Erhöhung der

---

23 Mises: *Liberalismus*, a.a.O., S. 94.

Ergiebigkeit ihrer Arbeit und damit höheren Wohlstand versprechen. Auf der anderen Seite stehen diejenigen, die so glücklich sind, das Land mit den günstigeren Produktionsbedingungen bereits ihr eigen zu nennen. Sie wollen – soweit sie Arbeiter und nicht Besitzer von Produktionsmitteln sind – den höheren Lohn, den ihnen diese Stellung gewährleistet, nicht fahren lassen. Einmütig aber fürchtet die ganze Nation die Überflutung durch die Fremden. Sie fürchtet, dass sie einmal in ihrem Lande in die Minderzahl gedrängt werden könnte, und dass sie dann alle jene Schrecken der nationalen Verfolgung erdulden müsste, denen z. B. heute die Deutschen in der tschechoslowakischen Republik, in Italien, in Polen ausgesetzt sind.

Man kann nicht bestreiten, dass diese Befürchtungen berechtigt sind. Bei der Machtfülle, die dem Staate heute zu Gebote steht, muss die nationale Minderheit von der andersnationalen Mehrheit das Schlimmste befürchten. Solange der Staatsapparat bei der Machtfülle belassen wird, die er heute hat und die ihm von der öffentlichen Meinung heute zuerkannt wird, ist es ein entsetzlicher Gedanke, in einem Staate leben zu müssen, dessen Regierung in der Hand Angehöriger einer anderen Nation ist. Es ist fürchterlich, in einem Staate zu leben, in dem man auf Schritt und Tritt der – sich unter dem Scheine der Gerechtigkeit verbergenden – Verfolgung durch eine herrschende Mehrheit ausgesetzt ist. Es ist fürchterlich, schon in der Schule wegen seiner Volkszugehörigkeit zurückgesetzt zu werden und vor jeder Gerichts- und vor jeder Verwaltungsbehörde Unrecht zu behalten, weil man nicht der herrschenden Nation angehört. ... Es ist eben klar, dass die Lösung des Wanderungsproblems nicht möglich ist, wenn man an dem Ideal des vielgeschäftigen Staates, der sich in jede menschliche Lebensäußerung einmengt, oder gar an dem des sozialistischen Staates festhält. Die Durchführung des Liberalismus würde es ermöglichen, das Wanderproblem, das heute unlösbar erscheint, zum Verschwinden zu bringen. Welche Schwierigkeiten könnten in einem liberal regierten Australien daraus entstehen, dass in einigen Teilen dieses Kontinents Japaner und in anderen Deutsche die Oberhand hätten?" [24]

---

24 Ebd., S. 123ff.

Ich habe diese Stelle so ausgiebig zitiert, um zu zeigen, dass die politischen Einschränkungen, die der Liberalismus bei der Einwanderung macht, nicht von einer herbeifantasierten Gefahr der kulturellen Überfremdung durch die Einwanderer sieht, sondern in einer nationalen Unterdrückung der einwandernden Gruppen. Der kosmopolitische Standpunkt setzt auf eine funktionierende Rechtsordnung, auf freie Märkte und sieht in allen Menschen zuallererst Mitmenschen und Partner, nicht Konkurrenten und schon gar nicht Feinde. Die Diskussion über Gegengesellschaften, mangelnde Integration und die Brutstätten des Terrorismus in den Vorstädten der Metropolen müssen aus liberaler Sicht geführt werden auf dem Hintergrund dieser Forderungen: Einwanderer müssen sich wirtschaftlich selbst ernähren. Sie müssen sich der Rechtsordnung unterwerfen, aber sie müssen sich nicht kulturell assimilieren. Eine falsche Sozialpolitik, die Massenarbeitslosigkeit unter Einwandererjugendlichen erzeugt, ist die Ursache für die Fehlentwicklungen. An der gesellschaftlichen Arbeitsteilung aktiv teilnehmende und von ihr profitierende Ausländer werden rasch alles lernen, was dazu nötig ist, insbesondere Deutsch und die geltenden Gesetze. Sie werden zu höflichen und umgänglichen Mitbürgern, die unser Leben bereichern.

Wirtschaftliche Nationalismus und Kampf um knappe Ressourcen

Die Rohstoffe der Welt sind geografisch nicht gleichmäßig verteilt. Der kosmopolitische Standpunkt betrachtet alle wirtschaftlichen Ressourcen als Gemeineigentum der Menschheit. Es mag dem oberflächlichen Betrachter liberaler Prinzipien merkwürdig erscheinen, dass Bodenschätze der Ökumene zugeordnet werden und nicht dem Sondereigentum. Aber das ist nur ein scheinbarer Widerspruch. Auch hier müssen wir die Argumentation auf dem Hintergrund des Modells eines unbehinderten Weltmarktes begreifen. Ohne nationalistische Wirtschaftspolitik würden die Grundeigentümer diese Schätze entweder selbst auf dem Weltmarkt verkaufen oder ausländischen Investoren verpachten. Es sind erneut Staaten, die unter dem Einfluss von nationalistischen Wirtschaftsvorstellungen Bodenschätze zu Nationaleigentum erklären und damit monopolistische Spiele treiben. Die marxistischen und nationalistischen Kräfte in zahlreichen Rohstoffländern enteigneten die westlichen Unternehmen und verstaatlichten die Ölfelder und Raffinerien. Dies ist der Hintergrund des

„Krieges um Öl". Sie schaden mit dieser Politik allen Menschen, denn sie treiben die Preise künstlich in die Höhe. Ihre Politik ist von dem Prinzip des Nullsummenspiels geprägt, nicht vom Denken in Win-Win-Situationen. Erst vor wenigen Monaten gaben die Chinesen es auf, für Seltene Erden Monopolpreise zu verlangen. Die IT-Branche entwickelt neue Techniken, die ohne Seltene Erden auskommen. Dazu waren die künstlich überhöhten Preise eine Triebkraft. Der Wirtschaftsnationalismus hat sich ein weiteres Mal selbst geschadet.

„Das Prinzip der unbeschränkten Souveränität einer jeden Nation ist in einer Welt der staatlichen Einmischung in die Wirtschaft eine Herausforderung für alle anderen Nationen. Der Konflikt zwischen den Habenichtsen und den Wohlhabenden ist ein wirklicher Konflikt. Aber er tritt nur in einer Welt auf, in der jede souveräne Regierung die Freiheit hat, die Interessen aller Menschen – ihre eigene eingeschlossen – zu verletzen, indem sie die Verbraucher am Genuss der Vorteile hindert, die eine bessere Ausbeutung der Naturschätze ihres Landes ihnen gewähren würde. Es ist nicht die Souveränität als solche, die zu Kriegen führt, sondern die Souveränität von Regierungen, die nicht ganz auf die Prinzipien der Marktwirtschaft verpflichtet sind."[25]

„Bis zum Durchbruch des Liberalismus lebten die Menschen vorwiegend von dem, was in der Gegend, in der sie wohnten, aus heimischen Rohstoffen erzeugt werden konnte. Die Ausgestaltung der internationalen Arbeitsteilung hat darin radikal Wandel geschaffen. Aus weiter Ferne eingeführte Lebensmittel und Rohstoffe sind zu Gegenständen des Massenverbrauchs geworden. Die Europäer könnten heute nur bei empfindlicher Herabdrückung der Lebenshaltung auf den Bezug von Erzen und Mineralien, von Wolle und Baumwolle, von Kaffee, Tee, Schokolade, Pflanzenfett, Früchten und von vielen anderen Artikeln ihres täglichen Verbrauchs aus den in anderen Weltteilen gelegenen Produktionsstätten verzichten. Ihre Lebensinteressen werden durch die protektionistische Handelspolitik der Länder verletzt, die diese Primärprodukte erzeugen."[26]

Die Außenpolitik Putins setzt Erdgas als politisches Druckmittel gegen abhängige Länder wie die Ukraine ein. Innenpolitischer Autoritarismus und

---

25 Mises: *Human Action*, a.a.O. Kap. 24.5.
26 Ebd.

Wirtschaftsnationalismus bedingen sich gegenseitig, zum Schaden aller, auch der Russen.

Die Wanderung von Arbeitskräften und das Bevölkerungsgesetz

Menschen sind meist sesshaft. Sie sind meistens keine Nomaden und siedeln nicht gerne in andere Gebiete um. Wenn aber die Produktion von Nahrungsmitteln und anderen Verbrauchsgütern mit der Bevölkerungsentwicklung nicht Schritt hält, und dies ist häufig in unterentwickelten protektionistischen und nationalistischen Ländern der Fall, dann entsteht eine relative Übervölkerung des Gebiets. Wenn umgekehrt in einem Gebiet die Wirtschaftsentwicklung der Bevölkerungsentwicklung vorauseilt, entsteht eine Lage, die relative Untervölkerung genannt wird. Sie zeichnet sich durch einen Mangel an Arbeitskräften aus, die der relativen Übervölkerung durch einen Überschuss an Arbeitskräften. Sie leiden Not und haben niedrige Einkünfte, die übervölkerten Gebiete bieten hohe Löhne und einen Überfluss an Versorgung (in globaler Betrachtung). Wenn ein bestimmter Punkt des Leidensdrucks überstiegen ist, entschließen sich Arbeiter, aus relativ untervölkerten Gebieten in relativ übervölkerte auszuwandern. Sie suchen ihr Glück in der Ferne.

Deutsche wanderten im 18. Jahrhundert zu Tausenden nach Amerika oder in den Osten aus. Etwa 4,48 Mio kehrten nach 1950 als Spätaussiedler zu uns zurück. Es gab in der letzten großen Welle nach 1989 keine Bevölkerungsproteste und Diskussionen um Integration, obwohl es erhebliche Anpassungsprobleme gab und gibt. Die Schweiz war einst so arm, dass sie ein Auswandererland war. Die USA und Australien sind Nationen, die überwiegend aus Einwandern bestehen und noch immer Einwanderer aufnehmen. Ganz Europa ist in der zweiten Hälfte des 20. Jahrhunderts Einwanderungsgebiet geworden. Es ist die Folge unseres Wohlstands und ein Glück.

> *„In der gesellschaftlichen Zusammenarbeit können unter den Mitgliedern der Gesellschaft Gefühle der Sympathie, Freundschaft und Zusammengehörigkeit entstehen. Diese Gefühle sind die Quelle der köstlichsten und edelsten Erfahrungen des Menschen. Sie sind die wertvollste Verschönerung des Lebens; sie erheben die Tierart Mensch zur Höhe einer wirklich humanen Existenz. Sie sind jedoch nicht, wie einige ge-*

glaubt haben, die Kräfte, die die gesellschaftlichen Beziehungen hervorgebracht haben. Sie sind Früchte der gesellschaftlichen Zusammenarbeit, sie gedeihen nur in ihrem Rahmen; sie gingen nicht der Einrichtung gesellschaftlicher Verhältnisse voraus und sind nicht die Saat, aus der sie entspringen."[27]

Die Wanderung von Arbeitskräften ist wirtschaftlich nur vorteilhaft für beide Seiten. Sie dient zur Steigerung der Produktion, zum Ausgleich der sozialen Unterschiede und zur Hebung des Wohlstands aller. Der Nettogewinn für alle Marktteilnehmer ist höher als die Nettokosten. Durch Einwanderer erzielen die Wirte eines Einwanderungsgebietes einen Zuwachs an Realeinkommen. Die Preise für Gebrauchsgütern sinken, was allen zugute kommt. Die Menge der produzierten Güter steigt überproportional zum Bevölkerungszuwachs, weil bisher brachliegende Produktionsfaktoren – die Arbeiter der untervölkerten Gebiete – nun produktiv werden.

„Dass Arbeit in Arbeitsteilung produktiver ist als isolierte Arbeit und dass der menschliche Verstand diese Wahrheit erkennen kann, sind die grundlegenden Tatsachen, die Zusammenarbeit, Gesellschaft und Zivilisation hervorbrachten und das Tier Mensch in ein menschliches Wesen verwandelten. Ohne diese Tatsachen wären die Menschen für immer Todfeinde geblieben, unversöhnliche Rivalen in ihrem Bestreben, einen Anteil an dem knappen Angebot an Nahrung zu sichern, das die Natur bietet. Jeder Mensch wäre genötigt gewesen, alle anderen Menschen als seine Feinde zu sehen; seine Sehnsucht nach Befriedigung seines eigenen Appetits hätte ihn in einen unverrückbaren Konflikt mit allen seinen Nachbarn gebracht. In einer solchen Lage hätte sich wahrscheinlich keine Sympathie entwickeln können." [28]

„Nun stimmt es, dass bei einer vollkommenen Mobilität von Kapital und Arbeit auf der ganzen Erde eine Tendenz zur Angleichung des Preises bestünde, der für die nach Art und Qualität gleiche Arbeit gezahlt wird. Doch auch bei einem Freihandel für Produkte gäbe es diese Tendenz in unserer Welt der Migrationshindernisse und institutionellen Behinderung von Auslandsinvestitionen des Kapitals nicht." [29]

---

27 Ebd., Kap. 8.1.
28 Ebd.
29 Ebd., Kap. 15.1.

Zusammenfassung

Ich habe versucht zu zeigen, dass bereits der klassische Liberalismus in all seinen Zügen kosmopolitisch und humanistisch eingestellt ist. Er denkt in globalen Maßstäben. Er sieht in Staatsgrenzen ökonomische Hindernisse, obgleich er Staaten als Notwendigkeit anerkennt. Sein Blick ist auf die grundsätzliche Interessenharmonie aller Menschen gerichtet, auf die langfristige Interessengleichheit aller Völker und Nationen. Ein weltumspannender Frieden ist nicht nur ein schöner Gedanke und Wunschideal, es besteht eine wirkliche Chance darauf, insofern es gelingt, die Kooperation der Menschen weltweit zu vertiefen.

Der Kosmopolitismus ist nicht nur ein zufälliger, historisch überkommener Zug des klassischen Liberalismus. Er durchdringt die Österreichische Schule der Ökonomik bis in die tiefsten Gedankenbilder. Er ist Teilkalkül ihrer Kernidee des „unbehinderten Marktes".

Eine Nation, die nach außen protektionistisch handelt, ist nach innen autoritär. Die Idee einer nationalen kulturellen Identität ist eine Chimäre. Die schönsten Märchen aus dem Grimmschen Volksbuch sind Erzählungen, die aus dem französischen Kulturkreis importiert wurden. Ideen sind nicht an Grenzen gebunden. Selbst in die Stacheldrahtgesellschaft der DDR verbreiteten sie sich unter den machtlosen Augen der Stasi. Menschen sind frei im Denken. Darum unterscheiden sich die Ideologien der Bürger voneinander und darum sind sie in ständigem Fluss. Gäbe es eine kulturelle Identität des Nationalen, wäre alle Hoffnung auf eine liberale Weltgemeinschaft nur eitles Wunschdenken. Die besseren Ideen verbreiten sich – auch in Kulturräumen, in denen es keine Gedankenfreiheit gibt, wie der islamischen Welt. (Leider verbreiten sich auch schlechte Ideen.)

Grundlage einer freien und friedlichen Gesellschaft ist vor allem der Gedanke des Rechts und der Toleranz. Wie einst die Preußen Hugenotten (und mit ihnen die deutschen Märchen) ins Land holten, nachdem das Toleranzedikt durch Ludwig den XIV. gekündigt wurde, diese freudig willkommen hießen und deren Beiträge zu Wirtschaft und Kultur uns bis heute bereichern, so sind wir Liberalen gehalten, Einwanderer aus anderen Kulturräumen willkommen zu heißen, sofern sie wirtschaftlich selbständig sind.

Die Offenheit gegenüber Einwanderung setzt aber auch voraus, dass das Gesellschaftsmodell Deutschlands neu durchdacht wird. Institutionelle Hinderungsgründe wie z.B. Mindestlöhne, die den Markteintritt von Neubürgern behindern, müssen beseitigt werden. Es ist unmöglich, Millionen Menschen zu staatlichen Mündeln zu machen, ohne dass dies zu Brutstätten von Gewalt und rechtsfreien Zonen führt. Integration bedeutet, dass sie produktiv werden, Steuern zahlen, sich selbst versorgen und das Recht anerkennen. Nicht mehr, aber auch nicht weniger, ist unabdingbar.

„Warum Nationen scheitern"

von Helmut Krebs

Im Jahre 2012 veröffentlichten Daron Acemoglu (Professor für Wirtschaftswissenschaften am MIT) und James A. Robinson (Professor für Politik- und Wirtschaftswissenschaften an der Harvard University) eine ausführliche Untersuchung zur Frage, warum Nationen scheitern und warum sie prosperieren.[30] Das Werk wurde geradezu begeistert von den Wirtschaftswissenschaften aufgenommen. Immerhin sechs Kollegen mit Nobelpreis sprechen von einer „absolut überzeugenden Studie" und „einem wichtigen, unverzichtbaren Werk". Die ihr zugrundeliegende Theorie lässt sich widerspruchsfrei mit den Erkenntnissen der klassischen Ökonomen (Adam Smith) und der Österreichischen Schule (Ludwig von Mises) über die Bedingungen für die Entwicklung von Nationalreichtum verbinden. Die Autoren legen eine außergewöhnlich breite Sammlung von historischen Beispielen vor, die vom Neolithikum bis heute reicht und alle Kontinente und Epochen umfasst. Wir werden zu den Staaten Mittel- und Südamerikas vor und nach der Eroberung durch die Spanier geführt, nach Kolumbien, Argentinien und Mexiko, ins alte Rom, nach China, Japan und Australien, in den Kongo, nach Südafrika, Botswana, Simbabwe und nach Westafrika, zur Kolonisierung Nordamerikas, in die amerikanischen Südstaaten vor und nach der Sklavenbefreiung, nach Russland, nach Ägypten, vor allem aber nach Großbritannien.

30 Acemoglu/Robinson: *Warum Nationen scheitern. Die Ursprünge von Macht, Wohlstand und Armut*, 2. Auflage 2014, Frankfurt am Main.

Die Beispiele belegen und erhellen die *Theorie von den Institutionen*, die für das Gedeihen der Nationen entscheidend sind. Der durchschnittliche Leser wird nicht in der Lage sein, die vielen Beispiele, die übrigens recht knapp und kursiv durchwandert werden, zu überprüfen, um sich ein eigenes Bild zu machen. Aber insofern er Vorwissen besitzt, passen die Darstellungen ins Bild. Mehr noch, sie werfen auf die Bilder ein neues helles Licht, weil sie mit Hilfe einer recht einfachen Erklärung Analogien zeichnen und die den Fällen zugrunde liegende Logik kenntlich machen.

Extraktive und inklusive Gesellschaften

Gesellschaften können *extraktiv* oder *inklusiv* sein, wobei in beiden Fällen unterschiedliche Grade der Ausprägung beobachtet werden. *Extraktiv* lässt sich mit ausbeuterisch oder auszehrend übersetzen. In diesen Fällen herrscht eine wirtschaftliche Elite über die Produktionsmittel und den Staat und bereichert sich auf Kosten der Allgemeinheit. Die Elite häuft Reichtum an, der beträchtlich sein kann, während das Volk arm ist und stets arm bleibt. Die extraktiven Eliten herrschend autoritär. Sie sind konservativ, d.h. reformfeindlich eingestellt, weil jede Veränderung im Sinne der „schöpferischen Zerstörung" (Schumpeter) auf der Grundlage unternehmerischer Schöpferkraft ihren elitären Status unterhöhlen und schwächen könnte. Die Eliten errichten eine undurchdringliche Schranke zwischen sich und dem Volk. Sie heiraten untereinander und machen miteinander Geschäfte. In der Klassengesellschaft Guatemalas herrschen seit 1531 knapp fünfzig Familien über Staat und Wirtschaft, im Kern nur dieselben zweiundzwanzig Oligarchen. Sehr häufig werden extraktive Staaten von Diktatoren regiert. Je mehr politischen Einfluss die Mitglieder der Oligarchie haben, desto größer sind die Chancen auf Bereicherung. Der Mexikaner Carlos Slim übernahm durch gute Kontakte zur herrschenden Partei Mexikos die monopolistische Telefongesellschaft und konnte Konkurrenten abwehren. Sein Vermögen wurde 2007 auf 67,8 Mrd. US-Dollar geschätzt. Beim Zerfall der Sowjetunion wurden die zur Privatisierung anstehenden Staatsbetriebe von wenigen Neunternehmern unter den Nagel gerissen, die gute Kontakte zum Geheimdienst hatten; und der ehemalige Chef des russischen Geheimdienstes, Wladimir Putin, lenkt als Präsident bzw. Ministerpräsident die weitere Konzentration wirtschaftlicher Macht durch Ausschaltung von unbotmäßigen Rivalen wie Chodorkowski. Aus diesem Grund herrscht unter ihnen typischerweise eine Rivalität, die zu Putsch und Revolution führen kann. Extraktive Staaten sind in historischer Sicht relativ instabil. Dennoch sind sie der Haupttyp in den Agrargesellschaften seit der neolithischen Revolution und der ausschließliche bis zur Glorreichen Revolution in England 1668. Sie unterliegen wiederkehrenden Machtkämpfen (man denke an die Kämpfe um das englische Königshaus zwischen den Familien York und Lancaster, Tudor und Stuart). Doch führen Machtwechsel in der Regel zur Erneuerung der extraktiven Institutionen. Sie ändern nichts an der Armut der Nationen.

Inklusive Nationen sind das Gegenteil der extraktiven. *Inklusiv* bedeutet einschließend, teilnehmen lassend. Die Macht verteilt sich tief in der Gesellschaft auf selbstbestimmte Individuen. Die Produktionsmittel gehören sehr vielen Unternehmern, deren Eigentum und Vermögen rechtlich geschützt sind. Die staatliche Macht ist durch Einrichtungen des Parlamentarismus und der Gewaltenteilung nicht nur formal, sondern tatsächlich geteilt. Die politischen Strömungen ringen um Einfluss auf die Regierung, verzichten aber darauf, ihre politischen Gegner zu verfolgen und zu vernichten. Die Macht wandert von einer Gruppe zur anderen, je nach Willen der Mehrheit der Nation. Wir sprechen von einem Macht- und Wirtschaftspluralismus. Inklusive Gesellschaften lassen Innovationen zu. „Schöpferische Zerstörung" erneuert immer wieder die Machtverhältnisse, gewährt Neuunternehmern und Nachwuchspolitikern aus allen Schichten Zugang zu den Führungspositionen. In der Glorreichen Revolution von 1688 erkämpfte sich der Landadel und die städtischen Patrizier die Machtbeteiligung mit Hilfe der politischen Partei der Whigs. Diese repräsentierte nur zwei Prozent der Bevölkerung, während die gegen sie gegründeten Tories eine noch kleinere Elite der Kirche und des Hochadels verkörperte. Aufs Ganze gesehen war der Liberalismus ein Elitenprojekt (was er bis heute geblieben ist), doch durch die Machtteilung zwischen den Tories und den Whigs wurde das Prinzip der Inklusion und Partizipation in die Welt gesetzt, mit den Jahrzehnten ausgeweitet, bis schließlich das ganze Volk einschließlich der Frauen an Macht und Wirtschaft beteiligt war. Die Länder, die gewöhnlich dem Westen zugerechnet werden, sind durch ihre Inklusivität miteinander verbunden: Die USA, die EU-Staaten, Israel, Japan, Australien und einige andere sind liberale Demokratien. Dagegen sind

Diktaturen wie Russland, Saudi Arabien, der Iran, Ägypten, China und viele andere exktraktive Gesellschaften.

Übergänge

Es gilt vier Entwicklungstypen zu unterscheiden.

1. Extraktive Gesellschaften bleiben nach einem Machtwechsel extraktiv (Ägypten von Nasser zu Mubarak, Russland vom Zaren zu Stalin, Nicaragua vor und nach den Sandinisten, Kuba von Batista zu Castro). Teufelskreise beschreiben die Widerständigkeit der Strukturen gegen Erneuerungen selbst von Revolutionen, die mit inklusiven Losungen erfolgreich waren.

2. Inklusive Gesellschaften erhalten und erneuern ihre Inklusivität. Man spricht von Tugendkreisen, durch die es gelingt, die Inklusivität gegen Übermächtigungsbestrebungen zu verteidigen. Beispiele hierfür sind die Abwehr diktatorischer Tendenzen der Old-Whigs in England im 17. Jh. oder Franklin D. Roosevelts in den USA im 20. Jh.

3. Selten findet der Übergang von der extraktiven zur inklusiven Form statt. Als Beispiele dienen dabei die frühen Kolonisierungen Nordamerikas, die bürgerlichen Revolutionen in Großbritannien 1688–1689, in Frankreich 1789–1815. Die neoliberalen Revolutionen in den ehemaligen sozialistischen Satelitenstaaten, in Deutschland nach 1945, die Entwicklung Australiens von der Sträflingskolonie zur Nation seien hier beispielhaft genannt.

4. Die Gegenbewegung ist ebenso möglich. Deutschland ging im Zusammenhang mit den beiden Weltkriegen von inklusiven zu extraktiven Formen über (Wilhelminismus, Nazismus). Ganz Europa stand auf der Kippe und selbst in den USA wurden mit dem New Deal Roosevelts Tendenzen zu einem autoritären Staat stärker. In unseren Tagen erleben wir eine autoritäre Restauration in Polen und Ungarn.

Auf diesem Hintergrund lässt sich die Theorie formulieren, dass Entwicklungshilfe zur Überwindung der Armut ohne den Übergang zu inklusiven Gesellschaftsformen letztlich unwirksam ist. Doch gibt es für die Überwindung des Extraktismus kein Patentrezept und keine einfachen Antworten.

Die Theorie der Institutionen und die liberale Sozialtheorie

Die liberale Sozialtheorie und ihre ökonomische Wissenschaft vertreten, dass der materielle Wohlstand einer Nation proportional zur Quote des investierten Kapitals pro Kopf der Bevölkerung ist. Je höher kapitalisiert Unternehmen sind, desto ergiebiger die Arbeit, desto billiger die Produkte und desto reichlicher die Versorgung der breiten Massen mit Gütern. Zu den Bedingungen, die die Kapitalisierung begünstigen, gehören: Arbeitsteilung, Freihandel und Schutz des Sondereigentums. Im weiteren gehören dazu ein Rechtsstaat, eine technische und kulturelle Infrastruktur, insbesondere die Bildung der Fachkräfte. Die Autoren des hier besprochenen Werks geizen sehr mit begrifflichen Definitionen. An keiner Stelle definieren sie den zentralen Begriff der *Institution*. Doch liefern uns diese die liberale Gesellschaftstheorie und die Nationalökonomie. Die oben aufgezählten Bedingungen sind genau die ökonomischen Institutionen, von denen die Rede ist, während die Einrichtungen des liberalen Rechtsstaates, also Parlamentarismus, Gewaltenteilung, Rechtsstaatlichkeit und eine gut funktionierende Verwaltung das politische Pendant bilden. Es gehört aber notwendig noch ein weiterer Faktor hinzu: Der Wille zur Beibehaltung des Pluralismus. Die an der Erringung und Ausübung der politischen Macht beteiligten Parteien müssen sich in dem Punkt einig sein, dass die Macht nicht zur Vernichtung und Exkludierung des Gegners benutzt wird. Machtwechsel sind wesentliche Bestandteile der Gesellschaft. Die sehr breite Aufteilung von Sondereigentum und der offene Zugang zur Machtpartizipation sind die hervorstechenden Merkmal inklusiver Gesellschaft. Dabei werden die Autoren nicht müde zu betonen, dass die Zentralisierung der politischen Macht, also das Gewaltmonopol, für die Durchsetzung und Bewahrung von Inklusion unverzichtbar ist. Nationen, in denen das Gewaltmonopol zersplittert ist, sind extraktiv. In ihnen herrscht Bürgerkrieg, Fehde, Blutrache und dergleichen und diese verhindern Investition und Kapitalisierung. Anarchie schafft Armut. Die Machtzersplitterung (der Liberalismus spricht von Feudalisierung) kann territorial sein (Kolumbien heute, China bis 1949) oder kartelliert (Mexiko, Süditalien). Der Arm der Staatsmacht greift hier nicht überall hin und setzt den Rechtsstaat nur unzulänglich durch. In der Tiefe der Gesellschaft herrscht ein Naturzustand der Anarchie.

Ein neuer Ansatz zu einem historischen Kompromiss

Unter Inklusivität versteht die Theorie der Instiutionen die Einbindung möglichst vieler Menschen in das Streben nach Reichtum. Dies setzt Sondereigentum und dessen Schutz voraus. Staatliche Eingriffe, die die Früchte unternehmerischen Handelns verstaatlichen und machtpolitischen Zielen zuführen, demotivieren Unternehmer und leiten einen Zustand wirtschaftlicher Apathie ein. Wir behalten im Sinn, dass hier Grade von Konfiskation und Apathie zu unterscheiden sind. Es lässt sich behaupten: Je höher die Gewinnerwartungen, desto lebhafter unternehmerisches Handeln. Und weiter: Je mehr Menschen unternehmerisch handeln, desto größer ist die Wahrscheinlichkeit, dass sich individueller und gleichzeitig auch gesellschaftlicher Reichtum ausbilden. Diese einfache These muss aber noch in einer Hinsicht eingeschränkt werden. Unternehmerische Gewinne wirken sich nur dann zugunsten des Nationalreichtums aus, wenn sie investiert werden. Sobald sie nur im persönlichen Verbrauch veräußert werden, dekapitalisieren sie sich und sind für andere ohne größeres Interesse. Die sagenhaften Gewinne aus Gasexportgeschäften werden von den russischen Patriarchen nicht in den Aufbau einer breiten arbeitsteiligen Industrie investiert, sondern für Luxusgüter verschwendet oder im Ausland zum Zweck der Werterhaltung gebunkert. In extraktiven Gesellschaften sind gerade die größten Unternehmer besonders parasitär. Die Billionen, mit denen die Spieler im Finanzsektor pokern, schaffen keinerlei Reichtum der Nation, so lange sie nicht zu produktiven Investitionen verwendet, also gerade nicht verspielt werden. Andererseits bedeutet Inklusivität auch, dass die unteren Schichten am Wachstum des Reichtums beteiligt sind. Wenn es der Wirtschaft gut geht, soll es auch dem Arbeiter gut gehen. Weitsichtige Unternehmer lassen ihre Mitarbeiter am Genuss der Gewinne teilhaben. Sie sind bereit, vernünftige Arbeitstarife abzuschließen. Eine Gesellschaft von Kapitalisten, die nach der Losung „Laissez-faire" für sich niedrige Steuern und für die Arbeiter niedrige Löhne fordert, um selbst hohe Gewinne zu erzielen, die immerzu ausschließlich zur Ausweitung des unternehmerischen Engagements eingesetzt werden, sind tendenziell nicht inklusiv. Sie vertrösten die Armen immer wieder auf später und schaffen damit den Nährboden für destruktive Demagogen. Privater Erfolg und allgemeiner Wohlstand müssen miteinander verbunden sein, damit sich eine Kultur des Inklusionismus entwickeln kann. *Inklusive Gesellschaften sind kapitalistische Marktwirtschaften auf der Grundlage eines Paktes zwischen Arm und Reich.* Jeder gönnt jedem Erfolg und Wohlstand. Sie akzeptieren Ungleichheit als Voraussetzung und notwendige Auswirkung von erfolgsorientiertem Handeln. Doch vermeiden sie es, die breiten Schichten vom allgemeinen Wohlstand auszuschließen. In dieser Hinsicht leben wir in Deutschland in einer inklusiven Gesellschaft. Die Theorie der Institutionen bietet einen Ansatz zur Überwindung der Feindschaft zwischen Liberalismus und Sozialismus, weil sie die Werte beider Welten miteinander verbinden kann. Nur im inklusiven Kapitalismus können die breiten Massen ihre Armut überwinden und nur in einer humanen Gesellschaft lassen sich die Massen zur Inklusion motivieren und sichern damit das private Unternehmertum gegen die Anschläge der radikalen Demagogen.

Ich habe in meinem Buch „Sklerose. Leitbilder und Ideologien einer alternden Gesellschaft" ein Thema aufgeworfen, das sich sich reibungslos an das des hier zu besprechenden Buches anfügt. Das Thema meines Buches ist eine inklusive Gesellschaft, die altert, wobei sie die Inklusion womöglich übertreibt und somit unternehmerisches Engagement drosselt. Es beschreibt die Anfänge eines drohenden Überganges von einer inklusiven zu einer extraktiven Gesellschaft, allerdings nicht im Sinne einer Diktatur der Reichen über die Armen, sondern einer Gesellschaft, in der fehlgeleitete akademische Mittelschichten die produktiven Unternehmer immer stärker belasten, drosseln und gängeln, um einen Wohlfühlstaat nach ihrem Geschmack einzurichten. Dass dieser Weg nicht bis zu Ende gegangen werden kann, weil er sich selbst den Boden unter den Füßen abgräbt, ist klar. Doch historisch ist diese Entwicklung im Gange. Das ist hochinteressant, weil so etwas in der Geschichte meines Wissens noch nicht auftrat. Es ist die Zukunft, die hinter dem Horizont des Kampfes um die Überwindung der Armut auf der Erde liegt. Sie wird uns noch beschäftigen.

Sonderwirtschaftszone statt Wagenburg

von Helmut Krebs

Wenn amerikanische Siedler von Indianern angegriffen wurden, bildeten sie panisch eine Wagenburg und erzeugten gemeinsam mit den Angreifern ein Blutbad. Dieser Angstreflex ist uns eingeboren. In einer politischen Kultur, in der Millionen Wähler von den Parteien vor allem emotional angesprochen werden, in der Regierung und Opposition sich dem schwankenden öffentlichen Empfinden opportunistisch anpassen, um nicht aus dem Sattel geworfen zu werden, werden Reflexe zum Steuerungsfaktor der Geschehnisse. Die Gefühlswogen sind launisch und wendisch. Sie kippen in Tagen und Stunden. Zuerst sind wir alle die Guten, die die armen Flüchtlinge willkommen heißen – nach ein wenig Busen- und Geldbeutelgrapscherei von jungen Männern mit Migrationshintergrund (vorschnell als Flüchtlinge identifiziert), bilden wir eine Wagenburg und wollen nur eines: rasches Abschieben.

Kurzsichtigkeit derjenigen, die sich hin und wieder als „das Volk" gerieren und kurzfristige Befriedung der kurzsichtigen Erwartungen durch die Regierung verschlimmern langfristig die Probleme. Wir bringen die Dinge durcheinander. Wir unterscheiden nicht zwischen politisch Verfolgten (wenige, die Asyl genießen), Kriegsflüchtlingen (die in Lagern nahe ihrer Heimat von der internationalen Hilfe unterhalten werden) und einer Völkerwanderung aus den unterentwickelten und relativ übervölkerten Wirtschaftszonen Asiens und Afrikas in den hochentwickelten Norden. Das Dümmste, was wir mit der einen Million Syrer machen können, ist, sie in Asylverfahren zu stopfen, die entweder, wenn sie rechtlich sauber gemacht werden, Jahre dauern können oder indem wir durch Anpassung der Bewertungsgrundlagen hinsichtlich der Verfolgungstatbestände die Asylverfahren verderben.

In der Armutsfalle

Es gibt etwa 67 Millionen Flüchtlinge. Aber es gibt noch eine vielfach größere Zahl an migrationsbereiten jungen Menschen, die in Ländern leben, die ihrerseits in der Armutsfalle stecken. Unter *Migrationsdruck* verstehen wir solche Bedingungen in den Auswanderungsländern, die die Auswanderung auslösen. In dem Jahr ohne Sommer (1816), indem es aufgrund eines Vulkanausbruchs besonders kühl war, entstanden Massenauswanderungen aus Süddeutschland und der Schweiz in die USA und nach Russland. Die große Hungersnot in Irland zwischen 1845 und 1852, die von der Kartoffelfäule verursacht wurde, trieb zwei Millionen Iren vorwiegend in die USA.

Unter *Armutsfalle* verstehe ich das, was die Autoren des Buchs „Warum Nationen scheitern" eine extraktive Wirtschaft und Gesellschaft nennen. Dies sind Gebiete, die von Autokraten oder einer herrschenden Klasse autoritär bis despotisch regiert werden, um sich die wirtschaftlichen Erträge anzueignen. Sie bereichern sich, oft bis in astronomische Höhen (etwa die Führung Angolas), und lassen keine Wirtschaftsentwicklung außerhalb der von ihr kontrollierten Bereiche und keine dezentrale Vermögensbildung zu. Daher bilden sich auch keine Mittelschichten mit komplexer Arbeitsteilung und es entwickelt sich keine leistungsfähige Infrastruktur (Straßen, Schulen usw.). Die Menschen sind weitgehend rechtlos, passiv und oft verzweifelt. Sie haben keine Chance, der Armut zu entfliehen, weil ihnen die Erträge weggenommen werden, die sie investieren könnten. Weltweit leben schätzungsweise eine Milliarde Menschen in solchen Verhältnissen.

In solchen Ländern kommt es häufig zu humanitären Katastrophen. Hunger, Seuchen, Gewaltübergriffe des Staates bzw. opponierenden Milizen oder Bürgerkriege erzeugen Flüchtlinge, die meist nur bis außerhalb der heimgesuchten Gebiete entkommen. Dort enden sie in Flüchtlingslagern.

Die Entwicklungshilfe versagt

Das Konzept der Entwicklungshilfe besteht im Wesentlichen darin, den Regierungen dieser armen Länder Geld zu geben, damit sie infrastrukturelle Investitionen vornehmen. Der größere Teil wird an die Günstlinge der Herrscher umgelenkt. Ein geringer Teil wird in Vorzeigeobjekte gesteckt, die meist wenig Nutzen haben und schnell verkommen, weil sie isoliert von der übrigen Wirtschaft sind. Was Not tut, ist ein organischer Entwicklungsprozess von unten nach oben. Es fehlt das Streben nach erreichbaren Zielen, Sparen, Kapitalbildung, Investition, Tauschhandel, Diversifizierung des Warenangebots. Es fehlt die Mittelschicht, die dies betreiben und eine

Demokratie tragen könnte. Es fehlt der Kapitalismus, das Bindeglied zwischen unterentwickelten und entwickelten Nationen. Die Bildung einer inklusiven, d.h. viele Menschen an der Reichtumsbildung beteiligenden Gesellschaft wird von den herrschenden Klassen verhindert.

Die enorme Hilfsbereitschaft von wohlhabenden Menschen der entwickelten Länder fließt in humanitäre Projekte. Sie führen zu vereinzelten Verbesserungen der Wasserversorgung, der medizinischen Vorsorge und in Schulen. Sie verbessern oft das Leben der Menschen, doch sie erzeugen ambivalente Effekte. Einerseits helfen sie, dass mehr Menschen überleben. Andererseits verschärfen sie gerade damit die wirtschaftlichen Probleme, weil das Bevölkerungs- das Wirtschaftswachstum übersteigt. Sie steigern also indirekt die relative Verarmung. Einerseits sorgen sie für Schulbildung, andererseits schaffen sie keine Arbeitsmöglichkeiten. Sie können den Migrationsdruck folglich nicht mindern, sondern steigern ihn.

Der Migrationsdruck entsteht, wenn Gebiete relativ übervölkert sind. Er ist eine Folge einer disproportionalen Entwicklung. Der Zuwachs junger Menschen übersteigt die stagnierenden Erwerbsmöglichkeiten. Eine gewisse Zahl junger Menschen lässt sich als Kämpfer von radikalen Milizen oder von kriminellen Banden rekrutieren. Die meisten sind zur Untätigkeit gezwungen. Doch junge Menschen wollen eine Aufgabe haben. Sie wollen etwas tun. Sie wollen ihr Leben meistern und nützlich sein. Viele suchen ihr Heil in der unkontrollierten Auswanderung in den reichen Norden. Gerade die gebildeteren Afrikaner ohne Zukunft lassen sich auf das Abenteuer einer illegalen Einwanderung ein. Schwillt der Strom dieser Migranten an, spreche ich von einer *Völkerwanderung*, um darauf hinzuweisen, dass er eine gewaltige Dynamik entfalten kann. Diese Migration ist ein Wirtschaftszweig der Schleuser, aber sie wurde vor der Schleuserbranche nicht geschaffen. Diese befriedigt nur eine genuin vorhandene Nachfrage und verstärkt diese. Sie ist nicht mit Gewaltmaßnahmen zu unterbinden, weil die Alternative in den Herkunftsländern so schlecht ist, dass wir zu großer Grausamkeit gezwungen wären, um ihn zum Versiegen zu bringen. Das können wir aber nicht mit unserem Wesen vereinbaren. Wenn Grenzkontrollen wirksam wären, wäre der Strom längst versiegt. Die Gefahren der Schlauchboote, der Reise in Containern und der Überwindung von bewachten Befestigungen schreckt nicht in dem Maße ab, dass das Phänomen verschwindet.

Es kann sich zu einer humanitären Katastrophe auswachsen, wie beinahe vor einigen Monaten im Balkan, als Hunderttausende feststeckten, bis Deutschlands Regierung die Tür öffnete. Aber es ist etwas anderes als das Flüchtlingsphänomen. Dieses wird mit Flüchtlingslagern befriedet. Der Migrationsdruck ist mit Flüchtlingslagern nicht zu mindern. Im Gegenteil.

Die hochentwickelte Wirtschaft und die Armutsflüchtlinge

Wir nennen uns eine Dienstleistungsgesellschaft. Die Mehrzahl unserer Erwerbstätigkeiten erfordern eine hohe fachliche Qualifikation. Es gibt eine Nachfrage in Industrie und Handwerk nach Hilfs- und Fachkräften. Aber eine Nachfrage nach unqualifizierten Hilfskräften wird durch die Sozialpolitik unterbunden. So kann unter den Bedingungen von Mindestlohn und strengen Richtlinien für Leiharbeit kein Billiglohnsektor entstehen. Es gibt kaum mehr Reinigungskräfte im privaten Bereich, wenig Haushaltshilfen und dergleichen. Die Sozialpolitiker fürchten, dass unqualifizierte Fremde, die kein Deutsch können, den hochqualifizierten deutschen Fachkräften die Arbeit wegnehmen!

Das Schicksal der wilden Migranten, die es geschafft haben, hierher zu kommen, ist in der Regel, von der staatlichen Fürsorge ausgehalten zu werden, wenn sie nicht untertauchen. Doch diese lässt sich nicht auf die Größe aufblähen, die eine Masseneinwanderung nach sich ziehen würde. Es ist aussichtslos. Wir können nichts mit diesen Millionen jungen Menschen anfangen, weil wir uns für sie letztlich nicht öffnen wollen und weil sie in unserem Gesellschaftssystem auch keinen Platz haben. Es wären einfach zu viele.

Daher ist der Ruf nach einer kontrollierten Einwanderung keine ausreichende Lösung. Es würde nicht die Ursachen des Migrationsdrucks in den armen Ländern mildern, sondern wäre ein Lösungsversuch für unsere eigenen Probleme. Die unbefriedigte Nachfrage nach Arbeitskräften in unserem Wirtschaftssystem, der durch die demografischen Entwicklungen allmählich wachsen wird, soll damit ausgeglichen werden. Wir suchen nach integrationswilligen, hochqualifizierten und der deutschen Sprache mächtigen Ausländern, die als Pflegepersonal in den Krankenhäusern arbeiten, als Programmierer und Ingenieure in der gewerblichen Wirtschaft. Doch unterliegen wir einer Illusion, dass es so etwas in nennenswertem Umfang gibt. Wenn intelligente und gebildete Menschen kontrolliert auswandern, dann in die englischsprachigen Staaten. Wer zu uns möchte, verfügt in der Regel über eine vergleichsweise schwache Bildung und Ausbildung.

Ein anderer Lösungsansatz

Ich fasse das Dilemma zusammen. Wir können Arbeitskräfte nur insoweit brauchen, als sie ausscheidende, überwiegend hochqualifizierte deutsche Kräfte ersetzen, die von schwächer werdenden Jahrgängen nicht ausgeglichen werden können. Doch zu uns kommen nicht diejenigen, die wir brauchen. Aber von denen, die wir nicht brauchen oder wollen, streben viel zu viele hierher. In ihren Heimatländern bietet sich keine Perspektive (mit Ausnahme von Kriminalität und Rebellion), weil sie in extraktiven Diktaturen leben. Aber durch den Fortschritt der Medizin und die steigende weltweite Nahrungsproduktion ist die Bevölkerungsentwicklung gerade in den armen Ländern rasant.

Hier nun könnten *Sonderwirtschaftszonen* ein Ausweg bieten. Hongkong ist dafür ein Beispiel, wir können auch an Monaco denken, an Singapur oder an Liechtenstein. Ich stelle mir vor, wir reichen Staaten schaffen ein Gebiet in der Größe einer mittleren Stadt für Einwanderungswillige aus failed states. Wer dorthin zieht, muss sein Leben selbst bestreiten. Er baut sich seine Hütte, stellt die Dinge des täglichen Bedarfs und die Nahrungsmittel weitgehend selbst her. Dies geschieht in einer Einwanderungsgemeinde, die arbeitsteilig kooperiert und sich selbst verwaltet. Sie unterliegt dem Recht und dem Gewaltmonopol eines Gast- bzw. Patenlandes. Aber im Innern ist das Neu-Aleppo oder Neu-Lagos selbstverwaltend. In diesem Gebiet gelten einige Regeln, die sozialen Standards usw. unserer hochentwickelten Gesellschaft nicht. Es gibt einen unbehinderten Markt: keine Hemmnisse für Waren und Arbeit, keine Flut an Verboten und Vorschriften, die sich bei uns wie ein Mehltau auf die Wirtschaft abgesetzt haben. Diese neuen Gemeinschaften haben eine eigene Binnenwährung. Sie haben keine Mindestlöhne, keine Tarife. Wer ein Unternehmen gründen will, tut dies einfach. So wie die Engländer vor einigen hundert Jahren angefangen haben, wie es die amerikanischen Siedler taten. So auch diese Neusiedler. Sie führen keine Steuern an uns ab. Es kann auch zollfrei exportiert und importiert werden. Sie unterstehen unserer Verfassung, den

Menschenrechten und den Prinzipien der liberalen Demokratie. Doch sie schaffen sich eigene Regeln, die ihre Kooperation ermöglichen, statt sie zu behindern. Das ist ein faires Angebot. Niemand ist gezwungen zu kommen. Aber die Mutigen und Starken, werden es lieben. Sie werden in kurzer Zeit ein zweites Philadelphia erschaffen. Sie haben eine Aufgabe, eine Herausforderung. Ihre überschießenden Kräfte werden auf nützliche Ziele gelenkt. Sie sind für extremistische Gruppen verloren.

Es wird viele hilfsbereite Menschen geben, die sich als Ausbilder zur Verfügung stellen. Wir können die Mittel, die sonst in die Entwicklungshilfe fließen, zur Anfangsfinanzierung verwenden, zum Beispiel für Kleinkredite. Neusiedler können in den Heimatländern angeworben werden. Die Reise kann von uns überwacht werden. Den Schleusern wird Kundschaft entzogen.

Die Idee ist klar. Wir bieten einen Schutzraum, in dem in der Nussschale eine neue Gesellschaft durch die Auswanderer selbst gebildet und gestaltet wird, in der die eigenen Ansprüche an Lebensqualität Maßstab für die Gestaltung der Wirtschaftsbeziehungen und der gesellschaftlichen Einrichtungen ist. Hierher können Auswanderer zunächst kommen, um sich für eine Eingliederung in unsere Gesellschaft oder eine Rückkehr in ihre Länder zu qualifizieren, während sie sich selbst ernähren und uns nicht auf der Tasche liegen. Unsere Sozialsysteme bleiben davon unberührt. Sie werden von uns geschützt vor politischen und religiösen Radikalen, doch sie müssen nicht Goethe lesen. Wer aus diesen Sonderwirtschaftszonen, wer aus Neu-Aleppo in Meck-Pomm nach Deutschland einwandern will, kommt ins reguläre Einwanderungsverfahren. Wer in seine Heimat zurück will, kann dies jederzeit tun. Laufend werden ausscheidende Siedler durch neue ersetzt. Die Einrichtung kann vervielfältigt werden. Sie kann auf die failed states zurückwirken durch Geldtransfers und durch die Idee einer fairen, inklusiven Gesellschaft. Sie kann die Bildung einer unternehmerischen Mittelschicht unterstützen.

Solche Einrichtungen können innerhalb fast aller europäischen Staaten angeboten werden, von Portugal bis Estland. Es gibt genügend Flächen, die dafür in Frage kommen. Sie könnten auch rund ums Mittelmeer entstehen, auf einer Insel oder an der Küste, in Tunis oder Marokko, in Kroatien oder in der Türkei. Es fehlt nicht an Geld, denn alles andere dürfte teurer sein als ein sich selbst versorgendes System der Neuansiedlung. Was uns fehlt, ist kreative Phantasie und ein Begreifen der Probleme. Denken wir nicht kleinkariert und ängstlich, denken wir groß!

Internationale Organisation ist eine von drei Bedingungen, die Immanuel Kant für einen Ewigen Frieden aufzählte. Die anderen sind Demokratie und Welthandel. Die Vereinten Nationen, das transatlantische Verteidigungsbündnis und die Europäische Union mit ihren Verträgen sind keine vorübergehenden Erscheinungen und schon gar keine Agenturen des Sozialismus. Es sind aus unserer Sicht erste, noch unvollkommene Lösungsansätze für eine internationale Organisation von Nationalstaaten und damit Garanten des Friedens. Die EU stellt den Versuch einer staatlichen Integration ohne Gewalt dar. Das ist historisch einmalig. Neuland betritt auch die Theorie vorsichtig tastend. Zu nahe dran ist ebenso schädlich wie zu weit weg. Dementsprechend sind die Beiträge Tastversuche mit ausgestreckten Armen im Dunkel der Gegenwart.

Die Vereinigten Staaten von Europa

von Helmut Krebs

Die Idee der „Vereinigten Staaten von Europa" schwebte einst einigen politischen Kräften vor Augen, die am europäischen Einigungsprozess arbeiteten, als Ziel vor. In den Lissabonner Verträgen haben wir den gescheiterten Verfassungsentwurf vorliegen. An ihren Paragraphen, obgleich nicht bindend, orientieren sich die EU-Gremien. Der Begriff beinhaltete ursprünglich die Schaffung eines Zentralstaates aus ehemals autonomen europäischen Ländern mit einer einheitlichen Regierung. Im Gegensatz zu einem solchen Bundesstaat wäre ein Staatenbund eine Konföderation autonom bleibender Staaten. Die heutige EU ist durch das Scheitern des Lissabonner Vertrages in einigen Plebisziten ein Flugzeug, das in der Luft bleiben muss, weil ihm die Landeerlaubnis nicht erteilt wurde. Niemand kann sie verbindlich definieren. Sie ist im eigentlichen Wortsinne ein Unding. Der Diskurs über ihre Zukunft, ihre Verfassung oder gar ihre Abschaffung wird heftig geführt. Er scheidet die Geister und bildet Lager. Neben der Idee des europäischen Bundesstaates oder eines losen Staatenbundes, der immerhin noch außenpolitisch integriert wäre, konkurrieren die Ideen der EFTA (einer Freihandelszone) ohne Zentralregierung oder gar der unverbundener Nationalstaaten. In Verbindung mit diesen Modellen steht die Frage der sicherheitspolitsichen Orientierung nach West (NATO) oder zur Äquidistanz zwischen NATO und Russland, was faktisch aber eine Unterwerfung unter Putin bedeutete.

Die Ideen sind nicht neu. Schon vor der Nazizeit wurden die „Vereinigten Staaten von Europa" im Geiste geboren und kontrovers diskutiert. Sie stand im Zusammenhang mit der Idee des Völkerbundes, die ihrerseits von der Idee des „Ewigen Friedens" abgeleitet wurde, die der bedeutende liberale Philosoph Immanuel Kant in seiner gleichnamigen Schrift entwickelte. Ideen haben eine Geschichte und wandeln sich. Sie werden in der Regel auf zwei Ebenen diskutiert: auf der philosophischen und der politischen. Das stiftet Verwirrung. Der kantsche Ewige Frieden und die Idee der Vereinigten Staaten von Europa, wie sie in den 1920er-Jahren verstanden wurden, sind nicht dasselbe, eher ist das eine das Gegenteil des anderen. Ludwig von Mises sprach sich in seinem Werk über den Liberalismus im Jahre 1927 gegen die paneuropäische Idee aus, obwohl sie immerhin die Schaffung einer Freihandelszone beinhaltete. In erster Linie ging es ihm darum, dem aggressiven Chauvinismus keinen größeren und mächtigeren Rahmen zu gewähren.

„Die Vorkämpfer von Paneuropa und der Vereinigten Staaten von Europa verfolgen aber andere Ziele. Sie planen nicht eine neue Form der Staatlichkeit, die sich von den bisherigen, imperialistisch und militaristisch orientierten Staaten dem Wesen ihrer Politik nach unterscheiden soll, sondern ein Neugebilde der alten imperialistischen und militaristischen Staatsidee. Paneuropa soll größer sein als die einzelnen Staaten, die in ihm aufgehen werden, es soll mächtiger sein als diese und daher militärisch leistungsfähiger, besser geeignet, den Großstaaten England, Vereinigte Staaten von Amerika und Rußland Widerstand zu leisten. An Stelle des französischen, des deutschen, des magyarischen Chauvinismus soll der europäische treten; seine Spitze soll sich gegen die ‚Ausländer' kehren, gegen Briten, Amerikaner, Russen, Chinesen, Japaner; nach

Weiterhin glaubte er nicht an die Möglichkeit der Identifikation von Angehörigen einzelner Nationalstaaten mit anderen, also daran, sich als Europäer zu fühlen. Drittens sprach er sich gegen die Idee von Handelszonen anstelle von Welthandel aus. Alle drei Gründe sind historisch überholt.

Die EU ist von keiner ernstzunehmenden Seite heute gedacht als ein neues Imperium, das im Machtspiel der Großen mitmachen soll und sich aggressiv gegen Russland, die USA, China oder gar Großbritannien stellen soll. Die Tendenz der Gegenwart zielt auf die Überwindung imperialistischen Denkens. Es geht in diesem Zusammenhang nur darum, den vielen europäischen Staaten auf der internationalen Bühne eine gemeinsame Stimme zu geben, ohne imperialistischen Hintergedanken, um den Weltfrieden zu sichern. Die Identifikationsfähigkeit eines Portugiesen mit einem Polen hat im Informationszeitalter enorm zugenommen. Wir leben in einem „globalen Dorf" und fühlen mit dem Leiden afrikanischer Mädchen, die von einer Terrorgruppe entführt und missbraucht werden. Der Vietnamkrieg musste aufgrund der Wirkung des einen Bildes vom Napalm-Mädchen aus My Lai beendet werden, weil es in das Herz der mächtigsten Macht der Erde eindrang, der öffentliche Meinung der USA. Der Welthandel wird durch Freihandelsabkommen für bestimmte Gebiete unterstützt, während ein Welthandelsabkommen ohne Grenzen politisch in unserer Zeit nicht (noch nicht) realistisch ist. Freilich sind Zollvereinigungen dem Welthandel abträglich.

Die Europäische Union der Zukunft

Wir wissen nicht, wie sich Mises zur heutigen EU äußern würde. Wenn aber diese Gründe entfallen, welche bleiben dann noch übrig? Wer will denn heute überhaupt noch Vereinigte Staaten von Europa? Ich höre diesen Begriff schon seit Jahren nicht mehr in der Presse. Er hat sich verzogen, wurde zu einem Unwort.

Ein paneuropäischer Bundesstaat war bisher nicht durchsetzbar und wird es auf absehbare Zeit nicht sein. Auch eine Konföderation mit einer auf das sicherheits- und außenpolitische Mandat begrenzten Zentralregie-

---

31 Mises: Liberalismus, a,a,O., S. 127f.

rung wird es nicht geben. Wozu auch? Im NATO-Bündnis braucht niemand europäische Streitkräfte. Von einer EFTA spricht niemand, weil diese auch niemand braucht. Deutschland wird allein aus psychologischen Gründen keinem Bund beitraten, der von einer Schweiz geführt wird. Der Welthandel wird in Freihandelsabkommen geregelt, von denen die EU und mit ihr Deutschland etwa 140 abgeschlossen hat. Doch eine ganze Reihe von Einrichtungen, die durch die EU und im Zusammenhang der EU geschaffen wurden, sind nützlich, sollten erhalten bleiben und erweitert werden. Dazu zähle ich unter anderen die Garantie der Grenzen sowie der Verzicht auf Krieg und Zersetzung, die Zusammenarbeit auf dem Gebiet der Verbrechensbekämpfung, die Freizügigkeit nach Schengen, die einheitlichen Standards, die Abschaffung der Zölle. Bedeutend sind der Kulturaustausch und die Vereinheitlichung der Rechtsgrundsätze. All dies dient dem freien Verkehr von Waren und Arbeit, stiften Wohlstand und Frieden. Andere Einrichtungen sind aus liberaler Sicht schädlich, so z.B. die Außenzölle, die Agrarsubventionen, die Energie- und Klimapolitik, feministische Privilegierungen, und gehören abgeschafft. Die Reform des Währungsverbundes soll hier thematisch ausgeklammert werden.

Die schwierigste Frage ist die nach dem organisatorischen Rahmen der EU. Ein europäisches Parlament, das keinen Souverän repräsentiert, ist ein Unding. Eine Regierung, die eine Kommission von Nationalregierungen ist und daher keine vom Wähler ausreichend legitimierte Macht hat, ebenso. Auf absehbare Zeit werden die nationalen Parlamente die Legitimation von Gesetzen und Regierungen leisten und sonst niemand. Alle Einrichtungen, die dieses Prinzip unterlaufen, sind zurückzuschneiden. Im Grunde bedeutet dies keine Reform der EU, sondern eine Neuaufstellung. Die neue EU braucht Einrichtungen, die die nützlichen Prozesse entwickeln und Gesetzesentwürfe für die Nationalparlamente erarbeiten. Wie konkret das aussehen kann, würden den Rahmen dieses Aufsatzes sprengen. Doch eine Definition der neuen EU lässt sich formulieren und disputieren: Die Europäische Union ist eine Gruppe von autonomen Staaten, die eng zusammenarbeiten und sich integrieren, indem sie einheitliche Standards einführen. Sie ist den westlichen Werten verpflichtet.

Diese Idee wird von den populistischen Kräften in Frage gestellt. Die EU ist ihnen aus den unterschiedlichsten Gründen ein Dorn im Auge. Alle sehen in ihr einen Konkurrenten zu ihren Nationalstaaten. Sie spielen die gemeinsamen gegen die Nationalinteressen aus, weil sie die Bedeutung des Welthandels für den Wohlstand der Nationen nicht verstehen und weil sie die Abschaffung der pluralistischen Demokratien anstreben. Ihr Ziel ist die autokratische Herrschaft ihrer Partei. Darum bekämpfen sie die EU. Ihnen geht es nicht um mehr Freiheit, sondern um weniger. Sie sind ihrem Wesen nach antiliberal. Dass so viele Liberale in den Chor der populistischen EU-Kritiker einstimmen, ist fatal. Sie machen sich zu nützlichen Idioten ihrer eigenen Totengräber. Sie verstehen nicht, dass ihre anti-etatistischen Intentionen niemals im Rahmen einer pro-etatistischen Bewegung verwirklicht werden können. Sie identifizieren die EU mit sozialistischer und ökologistischer Politik und übersehen die modernen positiven Aspekte. Sie träumen dabei von Kleinstaaten mit Kantönlidemokratie und wissen auf die Fragen einer Welt, die sich global vernetzt, keine Antworten.

Europa weitergedacht

Ein Kommentar zur österreichischen Präsidentenwahl 2016 von Helmut Krebs

Der Schock der österreichischen Präsidentenwahl 2016, bei der Kandidat der FPÖ fast 50 % der Stimmen gewann, sitzt den pro-europäischen Parteien in den Gliedern. Der erdrutschartige Zulauf der Wähler zum populistischen Scheinangebot wirft ein Licht auf die Krise der Europapolitik und eine Reihe von Grundfehler, die in den westlichen Ländern seit Jahrzehnten von praktisch allen staatstragenden Parteien mitverantwortet werden.

1. United States of Europe plus Freiheit

Der Weg zum vereinten Europa durch ein schrittweises Zusammenwachsen nach dem Konsensprinzip verträgt sich nicht mit der Ost- und Süderweiterung. Die Länder sind zu unterschiedlich in ihrem Entwicklungsniveau. Die wirtschafts- und gesellschaftspolitischen Aufgaben behindern die sicherheits- und rechtspolitischen Lösungen. Eine Lösung wäre die beiden Aufgabenbereiche zu trennen und in unterschiedlichen Entwickungstempi zu realisieren. Sicherheit und Recht erfordern ein Gewaltmonopol und also einen Zentralstaat. Die Entwicklung von Wirtschaft und Gesellschaft erfordern ein Maximum an Dezentralisierung der Marktkräfte und Subsidiarisierung der gesellschaftspolitischen Belange.

Ich schlage nun vor, in einen Zentralstaat, der minimalistisch konzipiert ist, eine Konföderation von Bundesstaaten und die soziale Marktwirtschaft in differenzierter Form einzubetten. Vorbild können strukturell die Vereinigten Staaten von Amerika sein. Ein Zentralstaat muss auf dem Prinzip der Bürgersouveränität mit allgemeinen, freien und geheimen Wahlen zu einem repräsentativen Parlament, der Gewaltenteilung, insbesondere einer unabhängigen Justiz aufgebaut sein. Mit einem Zentralstaat kann das liberale Europa den Terrorismus wirksamer bekämpfen und Putin in seine Schranken weisen. Alle anderen Entscheidungen können und müssen von den Nationalparlamenten legitimiert werden. Die Bundesstaaten können gemeinsamen Vertragswerken beitreten, die den Verkehr, die Währung, den Standards, die Infrastruktur, soziale Fragen und Kultur regeln, oder ihnen fernbleiben. Auf diese Weise hinge nicht an jeder Detailfrage die grundsätzliche einer Mitgliedschaft. Ein zentrales Gewaltmonopol erfordert eine hierarchische Struktur und Mehrheitsentscheidungen. Die zivilisatorische Entwicklung erfordert ein Maximum an individueller Freiheit und Dezentralisierung der Macht. Eine solche Lösung erlaubt einen Grexit ohne Putin in die Hände zu spielen. Griechenland könnte eine europäische Nation bleiben und dennoch wieder eine Nationalwährung einführen.

2. Globale Sozialpolitik

Europa muss sich als eine Gemeinschaft von Nationen und zugleich als eine gemeinsame offene Gesellschaft begreifen, als Teil einer Weltgesellschaft. Das Leitbild der sozialen Marktwirtschaft braucht eine neue Kalibrierung und Ausrichtung. Die soziale Frage verlagert sich global von den hochentwickelten in die mittleren und unterentwickelten Länder. Europäische Sozialpolitik muss daher immer stärker in Afrika und im arabischen Raum rund um das Mittelmeer stattfinden. Europapolitik im Leitbild der offenen Gesellschaft setzt sich in einen Bezug zu den Nachbarkontinenten. Der Migrationsdruck in den unterentwickelten Ländern wächst in dem Maße, wie sie sich entwickeln. Das heißt, er wird zu- und nicht abnehmen, wenn die Länder den Anschluss an die Weltwirtschaft finden. Wir brauchen Antworten auf die Frage, wie wir auf das Migrationsbedürfnis von Millionen unternehmungslustiger Afrikaner reagieren. Die Probleme Afrikas können nicht durch schrankenlose Aufnahme gelöst werden, aber auch nicht, und noch viel weniger, durch Abschottung. Der Schlüssel zum Entwicklungsproblem liegt in der Schaffung von rechtssicheren Räumen, in denen investiert und produziert werden kann. Diese können auch in Europa liegen, doch überwiegend im afrikanischen Kontinent. Dem Migrationsdruck kann mit Sonderwirtschaftszonen begegnet werden. Hongkong statt Flüchtlingslager! Freihandelsabkommen mit allen Ländern!

3. Parasitären Finanzsektor austrocknen

Die Finanzwirtschaft ist weder Markt- noch kontrollierte Staatswirtschaft. Sie ist ein Zwitter und Artefakt, der neben der Realwirtschaft sein Eigenleben führt, und dieser mehr schadet als nützt. Die monetaristische Geldpolitik ist gescheitert. Beenden wir die Geldvermehrung und die Zinsmanipulationen! Jede Geldmenge ist funktional ausreichend, um als Tauschmittel die Wirtschaftstransaktionen zu ermöglichen. Lassen wir den Markt über die Höhe des Zinses entscheiden! Die Banken können gesunden, wenn sie sich wieder auf ihre Aufgabe konzentrieren, für unternehmerische Zwecke Kapitalmittel zur Verfügung zu stellen, die anderweitig eingespart wurden. Überlassen wir den Finanzsektor den selbststeuernden Marktmechanismen.

4. Gelassener Umgang mit der kulturellen Vielfalt

Die Ausweitung der Menschenrechte auf alle Gruppen, insbesondere die Frauen und Kinder, der bessere Schutz von Minderheiten und nichtmenschlicher Lebewesen, die höhere Toleranz gegenüber Normabweichungen und persönlichen Lebensstilen sind eine großartige Errungenschaft unserer liberalen Zivilisation. Doch werden sie von grotesken Übertreibungen begleitet. In vielen Bereichen verbreiten sich Sittenkontrollen und Denk- und Sprachdiktate, Ärgernisse, die als *political correctness* zum Reizthema des Populismus geworden sind. Die Übertreibungen schaden dem Zweck, dem sie dienen wollen, mehr als sie nützen. Die neuen Rechte und Freiheiten haben sich durchgesetzt, weil sie der höheren Entwicklungsstufe der Wirtschaft entsprechen. Niemand wird die Frauen wieder zu den drei Ks (Kinder, Küche, Kirche) zurückdrängen können. Eine globale Wirtschaft verträgt sich nicht mit Rassismus. Die Achtung der Kinder entspricht den rückläufigen Kinderzahlen in den Familien. Ein Hochtechnologieland leistet sich selbstverständlich einen guten Tierschutz. Warum also diese Verbissenheit?

5. Beenden wir den Ökoimperialismus

Umweltschutz ist eine Folge der Industrialisierung. Die Städte sahen vor der Industrialisierung viel heruntergekommener aus als heute. Wenn die winterliche Luft Krakaus heute noch so rußig und schweflig stinkt wie die in Deutschland vor fünfzig Jahren, so liegt das an dem Entwicklungsrückstand, den die Polen rasch aufholen. Die Entwicklungsländer haben ein Recht auf Kohle als Primärenergie. Sie sind klüger als unsere dogmatischen Öko-Akademiker, wenn sie inhärent sichere Kernkraftanlagen entwickeln. Die Energiepolitik ist ein völlig unnötiger Zankapfel. Die kommenden Jahre werden sie voraussichtlich zu Fall bringen, weil die klimatischen Zyklen sich zur Abkühlung hin drehen. Worauf warten?

Der Populismus hat keine Antworten auf die Zukunftsfragen. Er kann nur wachsen, weil der europäische Prozess ins Stocken geriet und Missstände nicht beseitigt wurden. Das Dümmste, was die pro-europäischen liberalen Kräfte machen können, wäre, die Schwächen zu leugnen. Haben wir Mut, Europa weiter zu denken. Es ist eine großartige Idee, auf einem ganzen Kontinent einen hundertjährigen Frieden zu schaffen, indem die Lebensverhältnisse sich stetig verbessern, Freiheit und Wohlstand gedeihen.

SCHLUSSBETRACHTUNGEN

Rainer Hank schrieb 2015 ein Buch mit dem – für Liberale – provozierenden Titel: Links, wo das Herz schlägt. Es ist ein mitreißendes Plädoyer für mehr Idealismus und den Mut zur Weltverbesserung bei freiheitlich gesinnten Zeitgenossen, die sie von den verhassten Linken abschauen könnten. Wir geben ihm Recht. Der Liberalismus sollte aus der Deckung und dem anti-sozialistischen Abwehrreflex hervorkommen und sich den globalen Problemen stellen. Vielleicht schafft er es im 21. Jahrhundert, die soziale Frage zur eigenen Angelegenheit zu machen, wo er im 19. Jahrhundert den Sozialisten und ihren Demagogen das Feld überließ. In gewisser Weise ist die Tragödie des 20. Jahrhunderts auch die Folge unseres historischen Versagens. Zu sehr ließen wir uns auf den Nationalismus ein und zogen uns verbissen auf eine marktradikale Position zurück, wo ein soziales Engagement wie es die Manchesterleute vormachten, die bessere Wahl gewesen wären. Marx war ein grottenschlechter Ökonom, aber ein brillanter Rhetoriker. Dazu gehört mehr als Sprachkunst. Es gehört Herzblut und Emotionalität dazu, die Identifikation mit den Armen und Geplagten.

Die soziale Frage der Gegenwart ist die Differenz zwischen den hoch- und den unterentwickelten und sich entwickelnden Ländern. In Ostasien, Indien, Lateinamerika und Afrika finden heute soziale Veränderungen statt, wie sie bei uns während der Industrialisierung geschahen. Diese Gebiete durchlaufen eine ursprüngliche Kapitalbildung, und die ist mit großen sozialen Problemen verbunden. Siebenundsechzig Millionen Menschen leben in Flüchtlingslager ohne Perspektive und einer inhärenten Gewalt von Lagerinsassen ausgesetzt. Rund eine Milliarde verharrt in „verlorenen" Nationen. Weitere Milliarden wandern vom Land in die Stadt. Das geringste Problem sind Verschmutzungen durch Kohleabgase.

Ludwig von Mises polemisierte einst gegen die Anhänger gleicher Löhne, sie sollten sich bedenken, in welchem Bezugsfeld sie nivellieren wollten. Würden sie die Löhne der Inder mitberücksichtigen, so müssten die

Lohnempfänger der USA einen Großteil ihrer Einkommen bei der weltweiten Umverteilung abgeben.

Es soll nicht der Umverteilung zum Zweck der Gleichmacherei das Wort geredet werden. Aber eine Angleichung des Lebensstandards durch Kooperation unter fairen Bedingungen ist urliberales Anliegen. Wenn wir die Grenzen durchlässiger gestalten, werden Einwanderer aus ärmeren Ländern die eigenen Lohntarife unterbieten. Wir sollten das zulassen, anstatt uns durch Mindestlöhne zu schützen und die Einwanderungswilligen auszusperren. Freihandel heute ist genau dies. Der Wechsel von unproduktiver zu produktiver Tätigkeit mehrt den Wohlstand und nützt daher allen. Wenn wir Flüchtlinge in Lager auffangen, wo sie ernährt werden, aber nicht produktiv tätig sein dürfen, damit sie nicht mit den autochthonen Wirtschaften konkurrieren, ist das illiberal. Laissez-faire, laissez-passez heißt heute: Lass sie produzieren, lass sie wandern! Hilf ihnen, sich selbst zu helfen. Liberalismus der Gegenwart ist in diesem Sinne global, sozial und offen. Die politischen Kräfte der Abschottung sind zugleich diejenigen, die auf die Schaffung eines autoritären Staates sinnen oder diesen Prozess begünstigen. Sie schüren heute in derselben Weise Ängste vor einer Islamisierung wie die Nazis Ängste vor einer jüdischen Weltherrschaft schürten. In einer Welt der Nationalisten werden sich die Liberalen auf der Flucht befinden. Wir kennen das aus der Geschichte.

ANGABEN

Einige der Texte des vorliegenden Bandes erschienen im Blog *menschliches-handeln.de*.
Helmut Krebs, wohnt bei Heidelberg, studierte Philosophie und Pädagogik. Er arbeitete bis zu seiner Pensionierung als Lehrer. Von ihm erschienen einige Bücher und Übersetzungen zu philosophischen und ökonomischen Themen.
Maximilian Tarrach, wohnt in Berlin, studiert Volkswirtschaftslehre und Philosophie.